大本言霊学

出口王仁三郎

大本言霊学　目次

大本教言霊学　天之巻

大本教言霊学　火之巻

大本言靈學

天之卷

横田順之

大正四年一月神霊出現之日

大本教言霊学

天

大本教

大本敎言靈學

序

出口王仁三郎 著

青海原千尋の底に瑞の寶珠ありといふ百舟千舟許藝行けとも伊採り得す百綱千綱歳廻せとも伊収り得ず世の人の珠を得しと云ふを見れは各も各も贋の玉奥津藻の珠にそありける茲に本ゝ大教に日夜仕え奉れる出口の王仁、大神の尊き深き御諭しのまに〳〵其か玉の在処を考え濤ゝ金龍の海のそこひ知れぬ潭きを探ッ弥仙の神山の高きを尋ぬ水は元伊勢火は出雲なる玉水の玉なす光りに照されて忝くも黄金の珠と黄金の釜とを拾ひ得たりぬ、斯くて此神寳を月日さまねく重々に磨き洗ひて全く布斗麻邇の御靈なる事を覺りければ大神の御命のまにまに其形を圖し其言靈の法則を述て一つの巻となし畏くも海神玉依姫命より開祖の神の御手を通して國常立大神に奉り玉ひし神寳にして遠き神代の古より天降りましけるが月遷り星変りて千尋の海底に落沈てけるを龍宮の神の日の出の神と現はれ玉はむとして王仁に黄金の真玉を磨かせ黄金の釜を洗はせ玉ひしを熟々考ふるに正しく其玉は水火満、水火干玉にして天地万物の息を治め亦た黄金の釜は霊魂の餌を沸かし煮る可き弥の神賓にぞありける、王仁今より後生命の續かむ限り世の為人の為此の真玉の弥光りに光り弥照りに照り渡らひて天津日の輝くか如くとの真釜の弥沸湯《たぎり》に沸

意弥鳴りに鳴り天之下四方の國々遺る限なく
鳴雷の天津御空に轟く如く清く明く廣く美は
しく高く廣く布き施こしてむと余毛の拙き筆を
振ひ黄金の山の山吹の花も實もある目出度き
聖代の神寶て勇みよろこび誌し奉る大本教の
言靈學あなかしこ

大正四年一月二十日　　雪の窓の下にて

出口王仁三郎誌

日本國は古来言霊の幸ふ國にして五十連十行の形假名あり　之れ神代の神典なり　この神典を學び究むる時は天地万物の初発根元の神理を詳知せむこと恰も明鏡の物を照すに均し

然るに人皇十六代

應神天皇の御宇百済の國より王仁と謂へる物識人参来りて論語千字文及び其他多くの書籍

を献りけるより漢國學甚たしく代々に行はれ
たれば可惜皇國の大本教は日た月におとろへ
行きぬ

　王仁といふからのものしり神國に
　そぐわぬをしく傳へけるかなふ

時は人皇四十代
　天武天皇の朝神代の舊辭の將に滅ひなむとせ
しを深く憂ひ玉ひ　丹波國桑田郡佐伯村稗田
八幡宮在の稗田の阿禮に勅し玉ひ　天皇大御

口つから御教へ置かれけるを　人皇四十三代元明天皇の朝に至りて和銅四年太朝臣安麻呂に詔命ありて　阿禮が覚へたる神代の御傳を文字に記させ古事記と号け皇国の大道を残し置かれ玉ひしは誠に有難き御事にして我國民の感謝に堪へざる所あり

柿本人麿主の歌に

志貴《シキ》島倭國《シマヤマトノクニ》者《ハ》事靈之《コトタマノ》所佐國《タスクルクニ》叙《ゾ》真福與具《マサキクアレコノ》

と共に神代の正言失ひ果むことを惜まるゝと

いへども言霊の學は神の御傳にして俗人の耳に入ること難く文字の學は人の學にして俗人の眼に入ること易く人の學ほど易きはなし故に人の代に移変天地の自にして何時しか文字は眼移して源を捨て流に染み言霊の學疎になり寛弘長和の頃までは行はれしこと明なり夫より後に至りては知れる人も稀にして竟には幾百年の間知れる人も無くなりにけり然るに享保の頃荷田東麿翁神代の言霊稲荷の古傳に

在ことを社務親友御の傳によりて説れしと雖もいまだ時の至らせるにや其の學の深きを継人無く今の世となりては言霊の名のみ在りて其法則を知れる人も無し次第に俗學に流れて只博く書籍をのみ見て法則も無く彼方の詞と此方の詞とを見合せて臆度に解き文字には據らすと云つゝも文字より外に據なりければ他の國の文字も吾國の文字の如くになり吾國の詞は他の國の詞の如くになりぬ阿憐掛巻も綾に畏

き神代の御傳へ隠れたるにや茲に已れ末の世
に生れて常に吾言ことの大本をも知らずして
過行ことを悲しみ若かりし頃より思ひ悩むと
いへども流れを置て何の諸にかよらむ終るに
吾教親出口直子刀自は艮の大神の霊の幸を得
玉ひて去ぬる明治の二十五年正月御齢五十七
の時より惟神のまに〱いのち毛の筆を振ひ
て假名文字を便りに宇宙万有の成立を書誌し
玉ひ・亦吾先師本田九郎親徳大人も霊学真理を

授け玉ひたり幸ふる哉吾は出口の教親と本田親徳先師の最も懇篤ある神諭に逢ひて日は日ねもす夜は夜もすがら其道を究め三ツ栗の其中の玉寳を拾ひ集め茲に五十連十行の玉を選り得て往古今世の言の葉を捲き寄せ博く天地の萬物に合せて神典古事記神代の巻に照し見て十余り八年にして意に布斗麻邇の御靈は水火《イキ》の御傳にして形假名は神の御名とより現るることを覺りて曙の鳥の鳴き渡り東雲の

御空高く旭の豊栄登りて樹々の言の葉も文明《アヤワカ》る頃大正の四年一月の末金龍海の玉水の邊りに神の御靈のいよ〳〵益々靈妙なるを悟る

皇國の學(大本教)は萬物一に止ることを原とす故に天地初発に一つの凝りを爲し其凝より火水の二つに別れて火を父と云ひ水を母と云ふ其父の火靈《カタマ》と母の水靈《ミタマ》と與て亦一つの凝を爲す其凝の重く濁りたるは形を成り軽く澄みた

るものは息と成り其息母胎を出て高く現れたるを音と云ふ其音の五十連ふるを言霊と云ふ。（五十連の音は霊有りて活用を云ふ）其言には幸有り体有り火水あり是を学て詞をなす。然はあれども詞は音のみにして眼に見ること難しそを眼に見するものを形仮名と云へ其形仮名を以て五十連の十行を記し火水の言やを学開き躰用軽重清濁等の法則を以て詞の本を明にし天地の水火《イキ》と人《ヒト》間の水火と同一なることを知りて國家を治むの大本は己か呼吸の息にあることを知る博く天地の真理を知むと欲せは近くは己か水火を知るにあり是ぞ神國の教にして既に古事記の神代の巻と唱るも火水《カミ》（イキ）與《ヨ》（クム）の巻と云ふ義にして天地の水火を與て萬物を生し人間の水火を與て言ことの傳へあり。

天地の間に眼に見へさる大水あり是を火水ともと云ふ神と唱ふるは躰にして水火《イキ》と唱るは用

なり故に陰陽と陰陽とを與て萬物を産むなり。

人間《ヒト》の胎内に火水あり是を霊水火《タミヒ》といふ氣ともいふ魂と唱ふるは躰にして息と唱るは用なり故に息と息とを與て言《モノイヒ》気と気とを與て人を産むなり。

天地は水火の凝なり故に人の呼吸は水火の列るに同じ波の寄る時は音を為して引時は音無し

人も出る息は音を為して引息は音無し人則ち小天地なり

實の火は象なし是を火の躰と云ふ象を見する時は火中に水あり故に燃る是を火の活用といふ實の水は象なし是を水の躰といふ象を見する時は水中に火あり故に流れ動く是を水の活用といふ

火は躰にして水を動かす水は用にして火に動かさる火は動かずして音《コヱ》なし水は動て音をなす総て動かさるものは火にして動くものは水なり故に水の名をなすといふとも動かさる時は火なり火に名をなますといふとも動くときは水なり。

例へていへは水気《ミキ》は水の名なり火垂《ヒタリ》は火の名なり然りと雖も右の手をもて左の手を打つ時は右の水は火となり左の火は水となりて音を

なほ亦曰ふ木は水なり鐘は火なり木をもて鐘
を打つ時は鐘は水となりて音をなし鐘をもて
木を打つ時は木は本の水となりて音をなす火
水躰用の活物にして相對して動き天地の水火
廻ることと斯の如し

凡例

本書は布斗麻邇の御霊をもて神代の言辞を解分るの法則を明にす五十連十行は所謂神代の経学なり尋常の書とは異なり神の大御心と人の心とは隔たるの故なり後世に及びては神代の御典を解する人間の形勢《アリサマ》の如くにいふは僻言なり天津神国津神の差別なり然るに人間の形勢の如くに書きたる書を見馴れたる心には染みがたかるべし

文字なき時の学なれは更に文字に據るなし書籍なき時の学なれは更に參考とすへき書物なし只布斗麻邇の御霊に卜相《ウラ》て五十連十行の片假名をもて解分るなり

文字なき時の教なれは文字もて書得かたき事ありそは多くは形をもていふ亦文字も多くは義訓を用ゐ或は水火《イキ》　火水《カミ》　水火《ミホ》　日月《イキ》　陰《イ》陽《ナ》なとの類皆その義によるの訓なり

五十連は天地自然の音にして神の霊なり故に儒佛は更なり一天四海に渡りて道といふ道に嚮かずといふことなし則ち日月《かミ》の學なればなり天より見るが如く天より聞が如し故に彼に暗くして此に明かなりと差別はいはず。

巻中総て和漢を交へて文の拙劣なるを厭はざるは只人の讀易からんことを専とするが故なり讀者之を諒せよ

本論

布斗麻通御霊《フトマニノミタマ》

一名　火凝霊《カゴタマ》と謂ふ

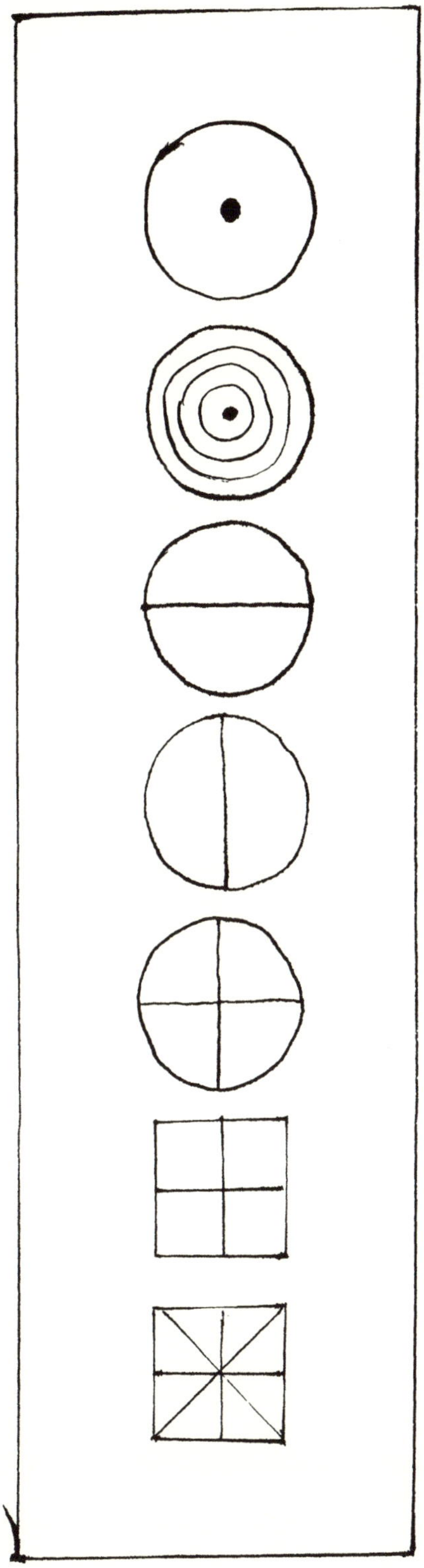

此形は布斗麻邇御靈より割別たる水火の形な
り是をもて天地の氣を知ることを得

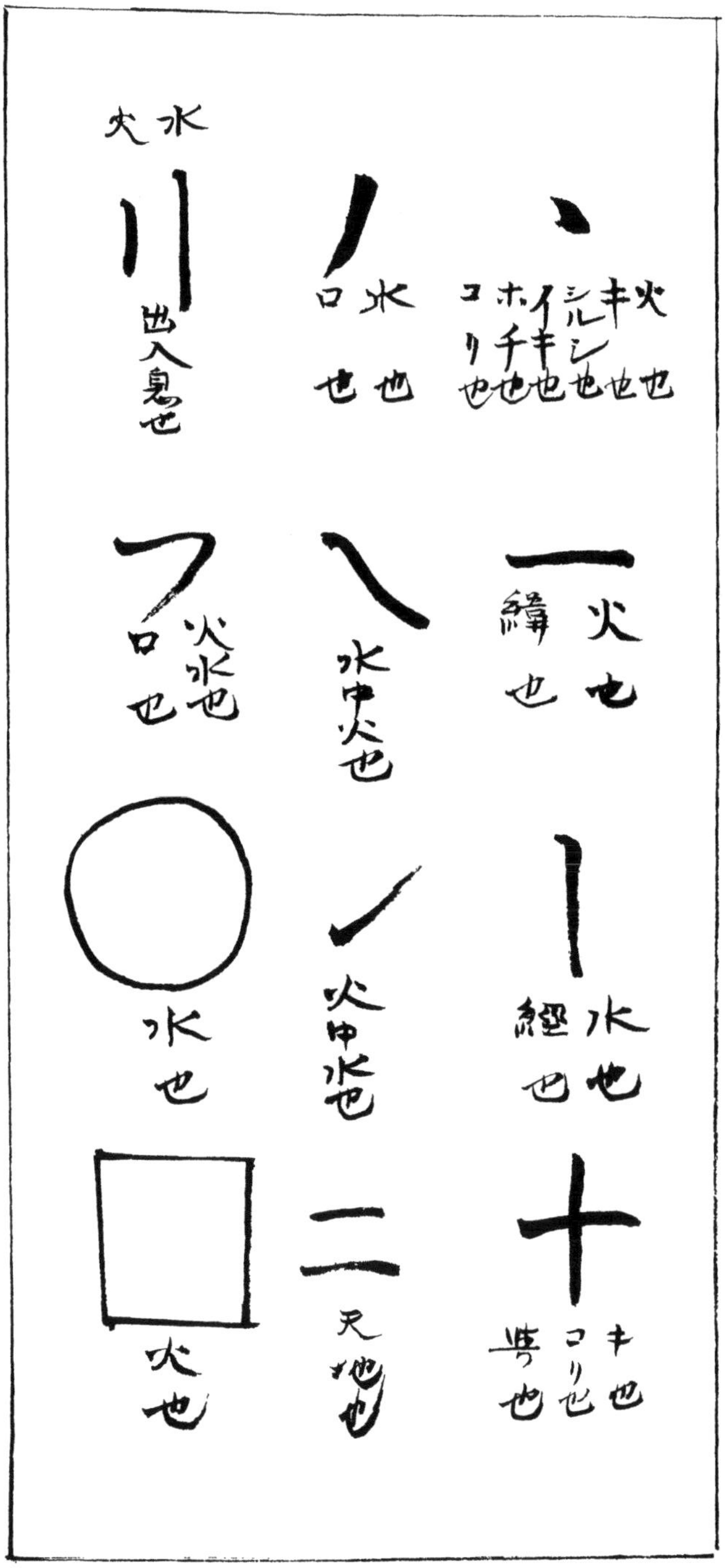

⊙

天之御中主神御霊

父 一滴

古事記曰天地初発之時於高天原成神御名天之御中主神云々

この御霊の正中の・《シルシ》は天地未生の・《キノ》ありしこの神々の御名のアメといふアは空水の霊にして五十連の水火《イキ》の総名ふりメは廻すをいふことにて五十連の水火《イキ》の廻るを天《アメ》といふあり其圖形則ち○是の如しミナカといふミは中のことに

てミナカとは中に中を累《カサネ》て云ふ詞にして正中《マナカ》といふ義あり又ミと云ふ又は八言の濁にてミはシルミの約あり其言義《コヽロ》は天地の初虚空の正中に丶《シルシ》の氣《イキ》と云御名にて則ち◯《アメ》の正中ヨ丶《シルシ》をあして其御形⊙是の如し則ち天之御中主の御靈なり

◯《マルキ》体母の水《ミ》丶《ホシ》は父の一滴あり草木一粒の種也此の御中主ヨ靈《ミタマ》(御丶)女男《メヲ》交合《マレワリ》りとき引息と吉に入て一滴の中に位す故に身体は父母より稟

て御霊は天より稟く我身は則ち天地と父母との合体なり一心の丶《ホチ》は既に天之御中主神在《イロス》の宮なり故に心動ては一《火》の形をなし動ては｜《水》の形を為す動かすは吾にして動くは丶《ホチ》なり善悪正邪の別は一心の丶《ホチ》より発《オコ》る所謂一元の丶《キ》なり此の御霊の御像は即ち◉◉丶《日月星》なり萬物この御霊なり発するなり

父の丶《ヒ》母の〇《ミツ》に望み母の〇《ミヅ》亦父の丶《ヒ》を搦《カラ》む

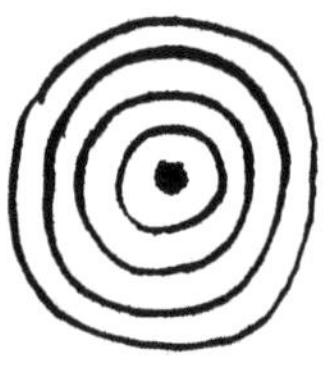

高皇産靈神
神皇産靈神
両神合躰の御靈

この御靈は両神合体の御形ありタカミムスヒの神といふ御名の外は靈《タマ》ありカミとはカラミラ言の者にて則ち玉搦《タマカラム》と云ふことありムスヒとは結ふことにて父のヽ《ヒ》母の○《ミヅ》に搦結《カラミムスビ》の火《カ》水《ミ》といふ義ありカミムスヒの神と云ふ御名のカミはカラミのラ言の者にて搦結の神《火水》と云ふ

ことにてその言義は、《火》の〇《水》に搦結へは〇《水》亦、《大》を搦結ふと云ふ御名にて（火起れは水直に起也）両神の水火《イキ》搦々父母の水火《イキ》搦々御傳あり（御靈の御形を見て知るべし）其搦時、《火》の御靈の動くを

宇麻志阿志訶備比古地の火水《カミ》

と云ふ亦動き廻《メグ》りて上に別て昇るを

天常立の火水《カミ》

と云ふ亦動き回りて下に降るを

國の常立の火水《カミ》

と云ふ吹に動くを
豊雲野のイ火《カ》キ水《ミ》
と云ふ次に動くを
角杙のイ火《カ》キ水《ミ》
活杙のイ火《カ》キ水《ミ》
と云ふ次に動くを
意富斗能地《オホトノジ》のイ火《カ》キ水《ミ》
大斗能辨のイ火《カ》キ水《ミ》
と云ふ次に動くを
淤母陀流《オモダル》のイ火《カ》キ水《ミ》
阿夜訶志古根《アヤカシコネ》のイ火《カ》キ水《ミ》
と云ふ是の如く火水動き回《メグリ》り水火《イキ》共開きて漸

々て竟に鶏卵のごとし凝塌《コリカタマリ》て五体の基をなす此御霊の御形を以て知るべし，其水火の搦回形を模したるを形假名と云ふ開祖直子刀自の神筆に神《コ》の大本は火《ヒ》と水《ミヅ》との守護であるぞよ形假名といろは四十八文字でこの世の根本のことかな世界一切のことを知らす水火《イキ》日月であるをよ形假名て世を開くぞよ水はモトイセ火はイヅモ云々とあるを見て知るべし是までの一段は天地人の氣の搦て天地をなし水火搦て

人をなす聲をもて吾善に搦めは善吾を搦み吾
悪に搦めは悪亦吾を搦む君臣に搦めは臣亦君
にからむことを知る萬物搦むこと皆一なり

火
胞衣の内に動て一火の形を作す

伊邪那岐神の御靈

水
胞衣の内に動て丨水の形を作す

伊邪那美神の御霊

故二柱神立天浮橋而指下其沼矛以畫者塩許袁呂許袁呂邇畫鳴而引上時自其矛末垂落塩累積成島是淤能碁呂島

この御霊は母胎の凝水火を吹きおろして動き動き竟にヽ《火》は一《火》の形をなし○《水》は|《水》の形をなし|《イ》一《キ》全く定まり一《火》は伊邪那岐神にして|《水》は伊邪

那美の神なり其イサナキの神の御名の義イ気《イキ》なりザは誘なりナは双ぶことなりキは火にして陽神なりイサナミのミは水にして陰神なり言義は気誘双神と云ふ御名にして天地の陰陽双ひて運り人の息双ひて呼吸をなすの御傳なり故に呼吸は両神在宮なり胞衣の内に初て吹き当て天浮橋といふ言義はアは自と云ふことありメは回ることありウキはウ浮と活用《ハタラキ》ハシはハシスと活用詞にてウは水にして竪をあらし

則ち◎《ウキ》なりハ|は火んして横をなす則ち⊖《ハシ》なり水《イ》火《キ》自《ヲノヅカラ》に回《メグ》り浮発《ウキハシ》て竪横をなすを天浮橋ていふなり開祖直子の自の神筆に此の大本は世界の大橋この橋渡らねは世界の事は判らぬぞよ竪と横りとの守護で世を開くぞよと云々とあるを考え見るべし天地人間初て気を発するの義なり故に二柱神立天浮橋而と云ふなり孕て胎内に初て動くは天浮橋なり是の如く天地の気《イキ》吹々人の息吹々て其未濁りて露の如

くの玉を為す是を塩累積成嶋といふふり則ち
水《シ》火《ホ》は水火《イキ》ふりシマとはシは水ありマは圓《マロカ》と
いふことにて水火《イキ》累積《ツモリ》て水圓《シマ》なすことにて息《イキ》
の濡《ヌメリ》りなすなり其息已《イキオノヅ》と凝塌《コリカタマル》をもて於能碁呂
島といふ則已凝塌水圓の心なり其圖左に云ふ

於能碁呂嶋之圖

此の圖は天地人の氣胞衣《イナ》の内に在の形なれ
は有か　とすれは見えず無かとすれは有り其

見へざると見するの圖あり故に此の圖を表裏より模《うつ》して見るべし假名体本一にして火水は開きたることを知る出入息本一にして別る丶ことを知る二柱の神左右に誘双ひて表裏に現はる丶ことを知るなり

此の圖中に○といふモの三言は形を隠して見せずそは別に口傳に言ふべし秘して書かざるにあらず幽玄微妙にして書盡しがたきを以てなし

伊邪那美神宰

此方右假名ふり

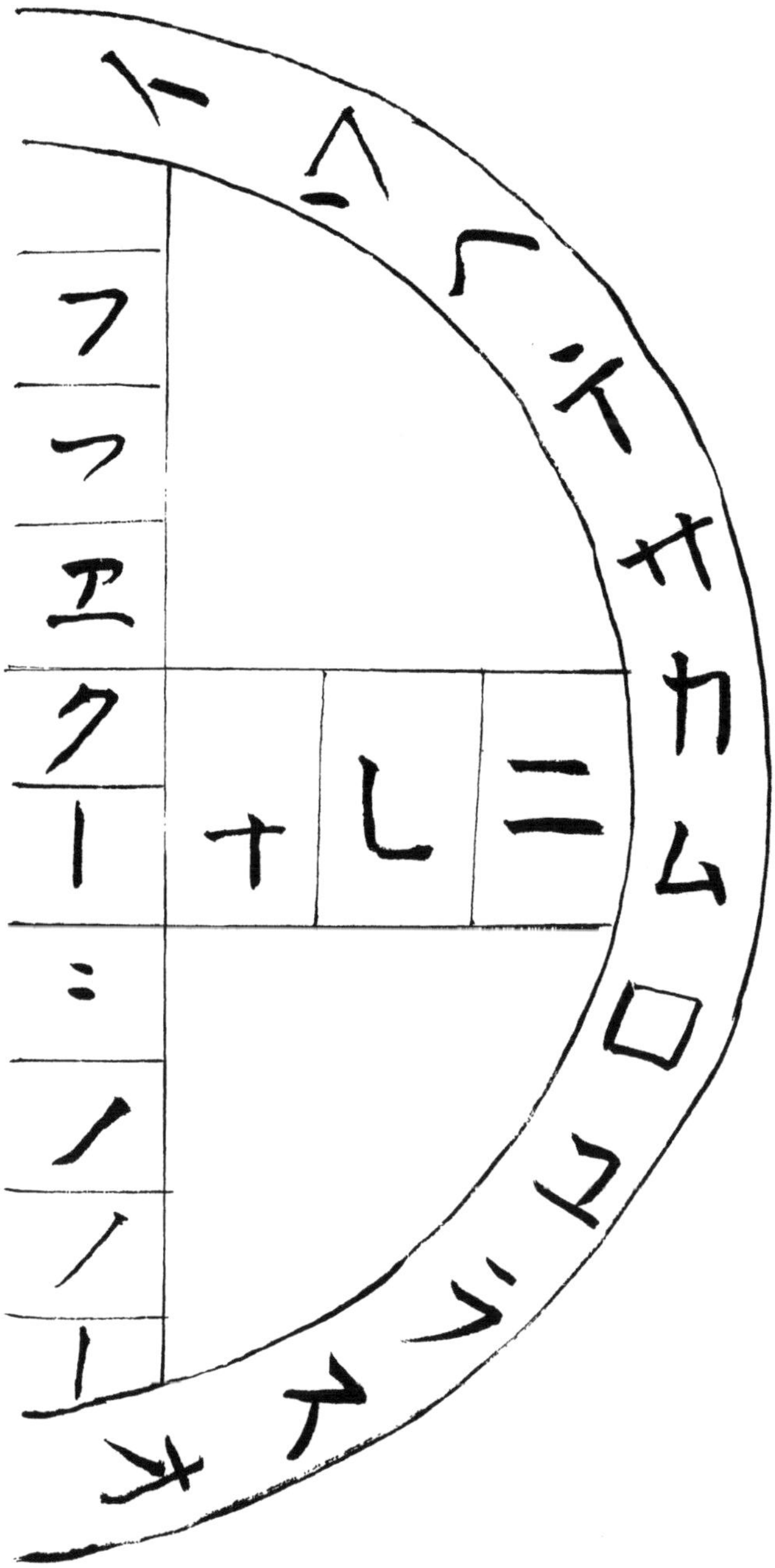

伊邪那岐神宰

此方左假名ヒ現る

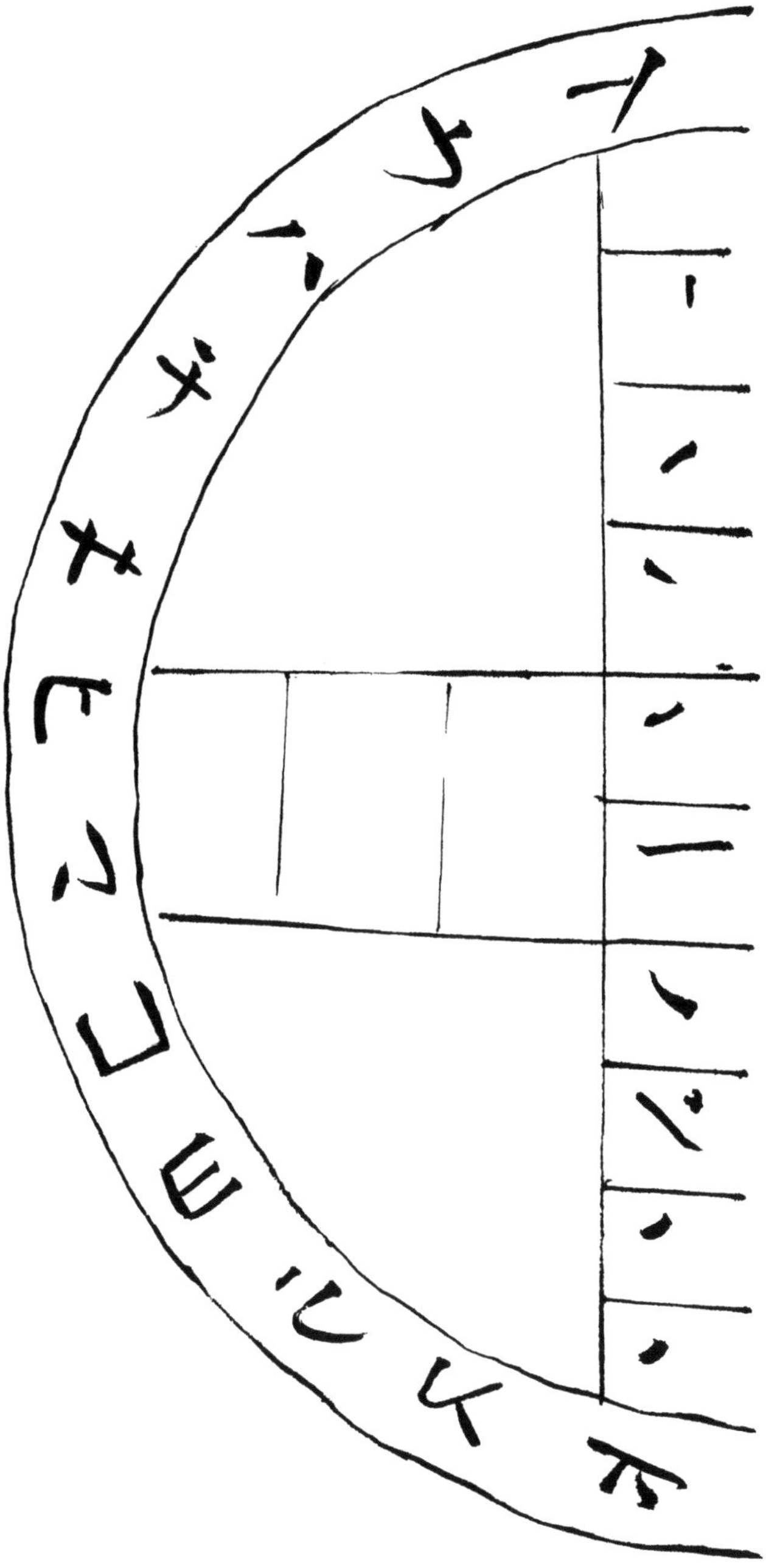

出る息の正中に位して昇る御霊

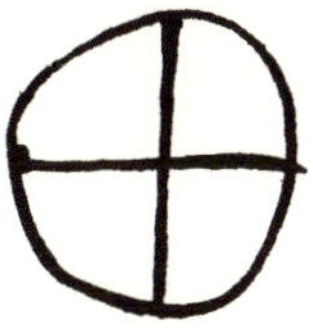

謂伊豫の二名島

御合生子《ミヤイマシテミコ》淡道穂別島《アハヂノホノ狭ワケシマラウム》次《ツギニ》生伊豫二名島《イヨノフタナノシマラウム》此島者《コノシマハ》身《ミ》一而有面四《ヒトツニシテオモヨツアリ》毎面有名《オモゴトニナアリ》故《カレ》伊豫國《イヨノクニヲ》謂愛比賣《エヒメトイヒ》讃岐國《サヌキノクニヲ》謂飯依比古《イヒヨリヒコトイヒ》粟国謂大宜都比賣《アハノクニヲオホゲツヒメトイヒ》土佐國謂建依別《トサノクニヲタケヨリワケトイフ》

この御霊は伊邪那岐神の丶《火》と伊邪那美神の｜《水》と與合玉ふ御形にして五十連の息に謂に從て

形も調なり此御霊一《火》|《水》共合たるを見て知るべ
し息胞衣の内に共合て母体を出むとして吹義
なり人は十月にわたりて息胞衣の内に満々て
自ら吹切て出るなり
水火《イキ》は水火《シホ》なり故に水火《シホ》満つ時水火《イキ》満て生
なり
其時胞衣の破るゝを淡道穂狭別島を生とある
（ハヒフヘホの行の開なり）
其胞衣を出て息を吹出すを伊豫二名島を生と

云ふ（ナニヌネノの行の起るなり）
此島身一而有面四毎面有名といふは此霊の御像一にして⊕是の如く舫《もや》ひて四つの形をふせと云ふ傳ふり是を伊豫土佐粟讃岐の國を借て名とす息出る時は四ツの形をふすと云ふ傳ふり
入る息の外を搦みて降る御霊

謂筑紫島

次生筑紫島《ツギニツクシノシマヲウム》此島亦身一而《コノシマミヒトツモニシテ》有面四《オモヨツアリ》毎面有名《オモゴトニナアリ》故筑《カレツク》紫國《シノクニヲ》謂白日別《シラヒワケトイヒ》豊國《トヨクニヲ》謂豊日別《トヨヒワケトイヒ》肥國《ヒノクニヲ》謂速日別《ハヤヒワケトイヒ》日向《ヒムカノ》國《クニヲ》謂豊久士比泥別《トヨクジヒネワケトイフ》

此筑紫島と云ふ名はツクヌシと活用て盡《ツク》すは九の數なり五十連九行目に當るラ行なこしなり筑紫の名はツクシは九の義なれば九ヶ國あるの名なり故に茲に筑紫の國名を借なり此島亦身一而有面四毎面有名といふは此御靈な形一に一して舫ひて由是の如く四つの形をなすの義也

是を筑紫豊國日向熊曽の四ヶ国を借て名となす息引時は此四の形をなすと云ふ傳なり出息は水にして○《マル》なり引息は火にして□《カク》なり産る時出息は胞衣を吹き割りて吹く息をもて生るありナニヌネノの⊕《イキ》ラリルレロの由の中に収ることは口傳に曰ふ可し秘するにあらず幽玄微妙にして筆紙に盡し難きを以てなり

天地人容成て水火を為す御霊

謂大八島國

次生伊伎島亦名謂天比登都柱《アメノヒトツハシラ》次生津島亦名謂天之《アメノ》狹手《サテ》依《ヨリ》比賣《ヒメ》次生佐渡島次大倭豊《オホヤマトトヨ》秋津島亦名謂天御虛空豊秋津根別《アメノミソラトヨアキツ子ワケ》故因此八島先所生《カレコノヤシマヲマヅウミタマヘルヲモテ》謂大八島國《オホヤシマクニトイフ》

此御靈は出息の御《タマ》と入息の御《ミ》由《タマ》と共て呼吸をなす其共たる形是の如し則ち大八島なり布斗麻邇の御靈より發せりて天地日月《イキ》を現し人

生れて呼吸をなすの傳なり故に此御霊は則ち天地なり人なり一天四海形をなすもの此像を洩るゝことなし

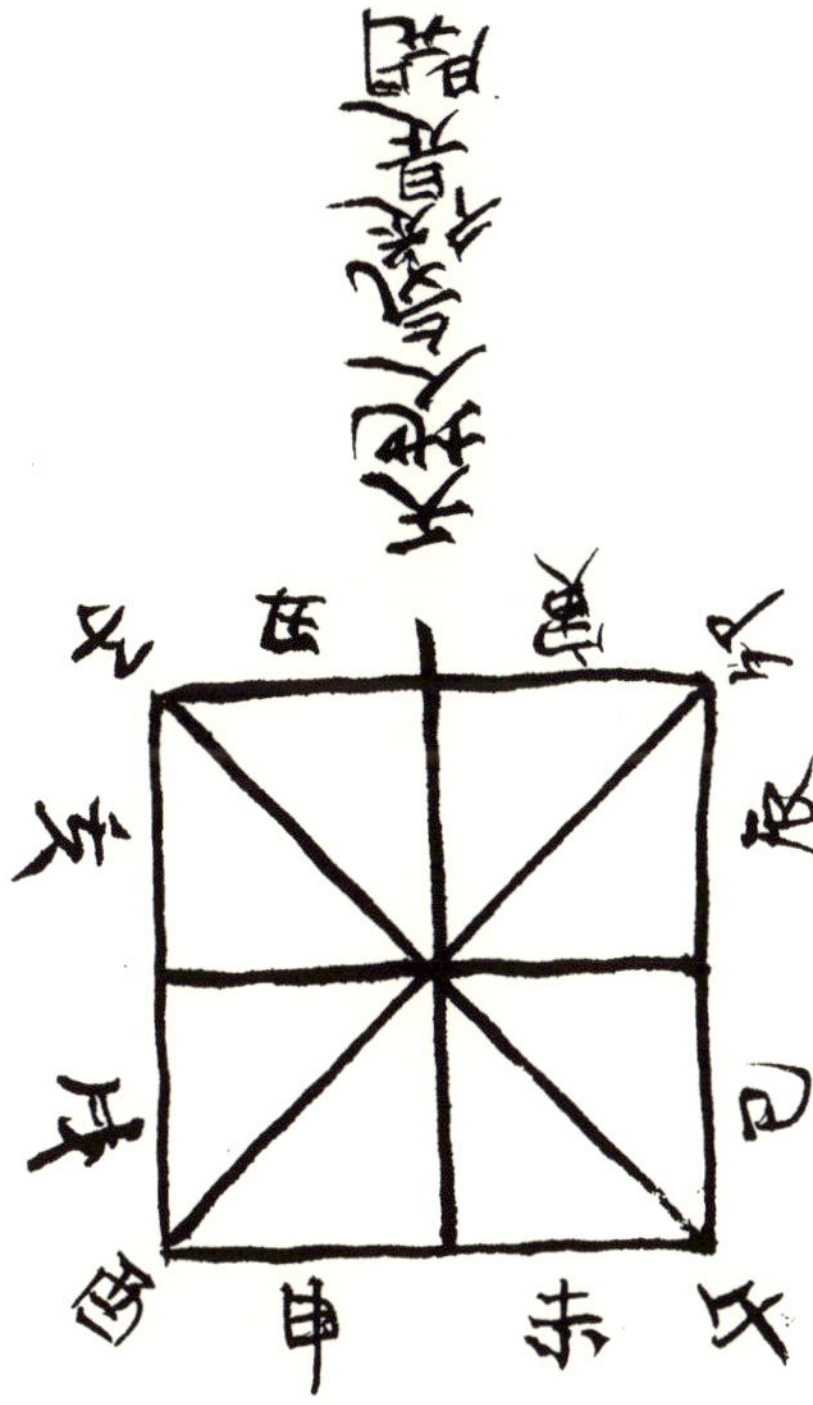

此の御霊の中より形假名を現す

人の八十八歳を賀と云は此大八嶋の御形に備るの故なり御璽の御形米かくの如し亦米如是にして則ち八十八なり則ち米なり。

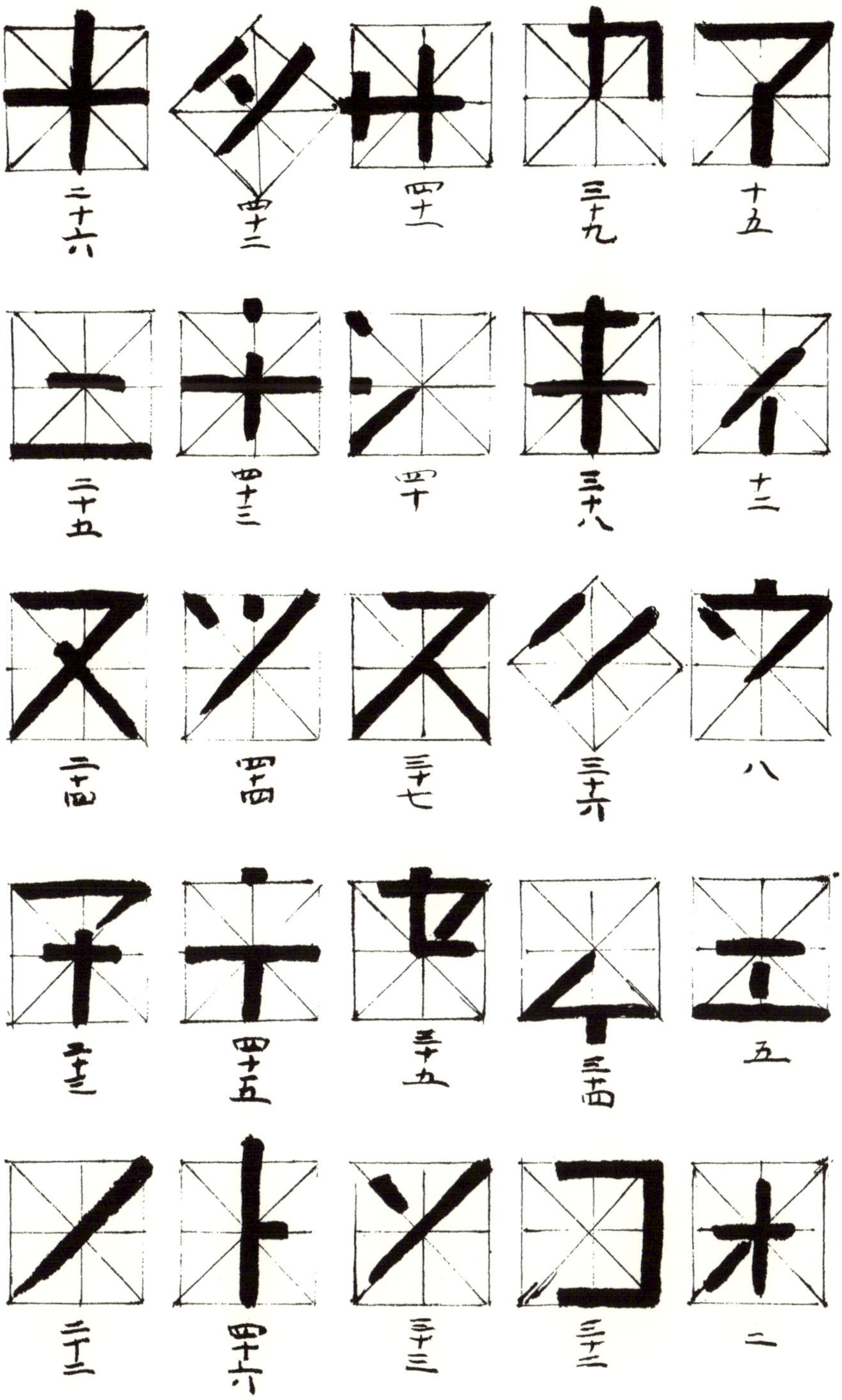
十五
三十九
四十一
四十二
二十六
十二
三十八
四十
四十三
二十五
八
三十六
三十七
四十四
二十四
五
三十四
三十五
四十五
二十三
二
三十二
三十三
四十六
二十二

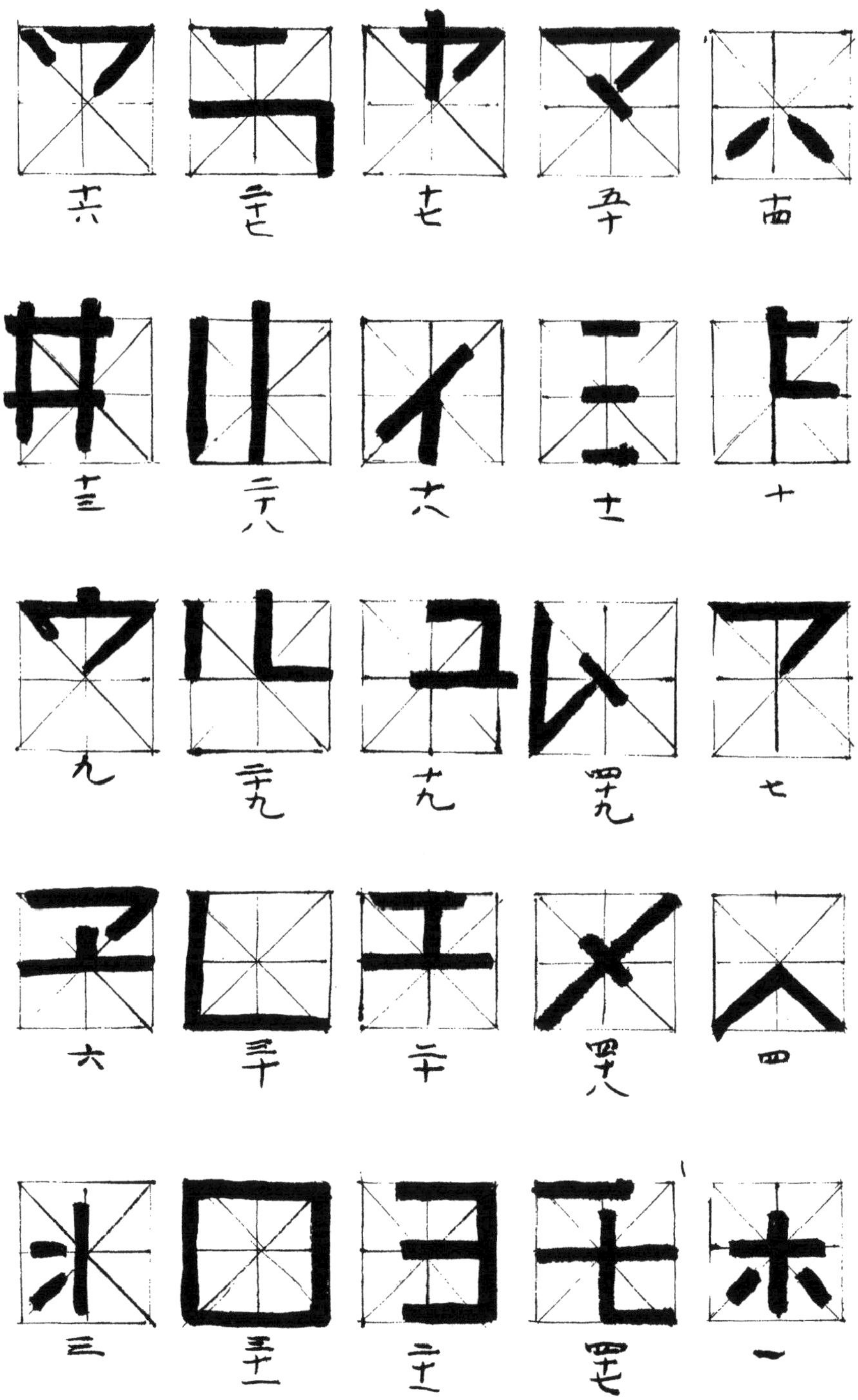
十六 二十七 十七 五十 十四
十三 二十八 十八 十一 十
九 二十九 十九 四十九 七
六 三十 二十 四十八 四
三 三十一 二十一 四十七 一

右五十連十行之發《オコリ》

天地の初發に伊邪那岐伊邪那美の二柱阿那《アナ》迩夜志愛袁登古袁と詔竟て御令まし〳〵時に、と㋭の霊現其御霊◯ヽ（〇は女神の水ヽは男神の火）如是此霊の現るを淡道穂狭別嶋を生といふ其ホの霊右に割別れて気起り㋔の霊をふし左に割別れて㋼の霊をふし次に気脹の◯ヽの霊起りて右に割別れて天地の㋓の霊をふし左に割別れて胞衣搦むのユの霊をなし其胞衣の中より水火二つに別れんとしてフの霊起て吹き右に浮昇のウの霊起り左に渦巻降のウの霊起て竟にヒの霊起て火となる次にミの霊現れて水となり亦水は火の為に右に割別れて昇る水火の火水と現るせイの霊をなし火の霊は左に割別て引水火のヰの霊をなし水《こ》火《か》と現るせ次に水火《イキ》枝《ハナレ、》のハの霊起て水の気は月となりて右に割別れてアの霊を現して天をなし火の気は日と現れて左に割別れてワの霊を現して地をなし水の霊の月に朧にして形を茲に見せす火の霊の日は形を茲に現す故にア行は天を宰りワ行は地を宰りハ行は地は方を宰る（此アワの二行はホの一言より割別を
もてアワ道のホの狭別と云ふなり）次にアの霊の水はワの霊の火とを文《アヤ》にして㋳の霊起り次にア行のイとワ行の井と文にして入息の㋑の霊起り次にア行のウの水とワ行のウの火と文にして㋴の霊起り次にア行のエとワ行のヱと文にして晝夜の胞衣の㋓の霊をなし次にア行のオ

とワ行のヰと文にして水火を與の㋵の靈起りて引《ヒク》水火《イキ》是より発して出水火の正中《マナカ》に㋨㋤㋦㋥㋤と起て總て水火《イキ》の中に位す是を伊豫の二名島と云ふ(伊豫とは息與《イヨ》あり二名とは出入息の二つの中を云ふなり島は行なり)次に㋶㋷㋸㋹㋺と起て引息を擱て降る(ナニヌネノは清き水にて昇ラリルレロは濁水にて降る)是を筑紫島と云ふ此濁水降るに従て引息の火の靈彌凝《イヨヽコリ》て㋙の靈起り口の濁水と與て水火堝《カタマル》の㋞の靈を起りて地の初めを成す其の動を成す

に従て差別分の㋘の霊起り其差別分に従て水《イ》
火《キ》共の㋝の霊起も瀬とふり其瀬をおすに従て
㋗の霊起て土をおす其土をふすに従て㋜の霊
起て洲とふり其洲現るに従て火の気《イキ》の㋵の霊
起て雲霧霞も晴て㋕の霊起て日も暉て影をふ
ゑ其暉に従て洲の上に㋛の霊の水起て（此シの水を清水と云清は借字）
次に㋚の霊起て上に割別れて昇りカ行は伊邪
那岐神サ行は伊邪那美神此二行の水火《イキ》誘《サソヒ》双《ナラブ》を
二柱の御名とすカ行を伊伎島と云ふ（伊伎は息なり）サ行

を津島と云ふ（つは水にして津なり）
此二行起に従てラ行の濁水攝収《イヨ〜オサム》るなり生れて
両眼を開綻《トカン》て口中の水を寧小児の誕或は成長
して言語の別ち悪しきも皆此ラ行の濁水収ら
さるの故なり呼吸に在て離す開るはラ行の濁
水として開くはオ行ウ行の活用なり故に此こ
行起てより澄《スメル》ものは昇りて天となり濁れるも
のは降りて地となり人の言語の別をなす發し
て二柱の水火《イキ》和して伊邪那伎の気《イキ》は水中の火

とありて降る是を多行といふ萬物の種を孕て一より百千の数をなす其種を孕の㋟の霊現る種は一粒にして百千の数をなし次に㋠の霊現てチは一より始て百千の数をなし次に㋡の霊現れツは續連義にして一より二に續連りて百千の数に及び次に㋢の霊現れ手《テ》の名は一にして大在あり合て百千の数をなし次に㋣の霊現れトは人の霊なり人の名は一にして女男あり女男基て百千の数に及ぶ此行總て萬物の其根《タネ》

の丶《ホチ》を宰る是を佐度の島といふ（卅は細なり卜は火也細際ゝ火を宰る行といふことなり）次に伊耶那美の気《イキ》の火中の水となして マ行現る此行《ニヤ》は淵水にして外行の火は其《クミ》舫《ミヤウ》（此マ行の水女と無水とふ真片假字あり）故に㋲の靈起て外行と舫《ミヤイ》㋱の靈起て陰陽回り㋰の靈起て陰陽睦《イチ》み次に月の靈の㋯は前にしの靈と共に起るといへども陰陽朧にして光をあらず茲に至てラ行の濁水収まりカ行サ行の水火《イキ》澄昇るに従て焔て光を現して照暉き㋮の靈起て圓《マドカ》ななし燃して赤月の靈のミはムと睦

みメりと回り毛りと日月《イキ》舫《モヤ》は陰陽《イキ》舫いて萬物を生じ人及び鳥獣草木悉く現れて一世要満足なり則ち列行水中のヽ《ス》とア行火中の○と共舫いて御霊⊙かくの如し○《アルサ》は萬物の子宮にしてヽ《サチ》は萬物一滴の種なり是を大倭豊秋津島といふ也

上下連十行の聲音の発ることかくの如し

この十行の水火を共開きて言なり其水火を共開鮮て詞の本を知るの法則は悉く次章に詳にせむとす

五十《イ》連法則《ツラノノリ》

空中水霊

暉火霊

昇水霊

水中火霊

火水霊

アイウエオ

カキクケコ

サシスセソ

タチツテト

ナニヌ子ノ

正火靈　ハヒフヘホ

火中水靈　アミムメモ

火水靈　ヤイユエヨ

濁水靈　ラリルレロ

水火靈　ワヰウヱオ

ア行は天を宰ワ行は地を宰ヤ行は人を宰皆君位なり是を三行と云ふ

ア行ワ行は天地にして詞の活用を為さず此二行を除てカ行よりラ行まで日能く詞ナ活用を為す是で八行の臣と云ふカ行よりマ行までは別て能く詞ナ活用を為す是を六行の臣と云ふ空中水霊或は火霊あると云は五言一行に連て云ふこと也一言死《ツ、》に別て云ふ時の火水は一言の法則を云ふ所に試す此五言一行は躰にして一言の法則の所に云ふ火水の极は閑

なりと知るべし
此假名は後世の誤を正すイイエエウウの書
方に注意すべし

此五十連の十行は天地の音なり人間此聲を動
して言なり水火は天地に在て音《コヱ》は人に在り故
に日が口中に低く鳴ふといへども願事を天地
の神明に通し皇國に鳴ふる佛經は神度の音に
あらされとも佛心に通る本気《モトイキ》と気《イキ》の通るにし

て声の遍るにはあらず人の音《コエ》は耳の訓にありて消え神明の気は天地に在りて消えず四海万國の人言語各異りと雖も天より之を聞く時は皆同一なり故に印度支那朝鮮等の易占皇國の神占等も名人の言語を天地の神靈に及て天地を得るの法則なり。

假《カ》名《ナ》反《タヽミ》之《ノ》法則《ノリ》

上より起て其行の下に行て留ものは其処に納

るあり
壁は　タテの約りテ也　テアテの約りテ也
下より起て其行の上に行て留るものは其処
に約つあり
ツチの約りチ也　コマカの約りカ也
右より起て左に行ものは右に反る
ソトの反ソあり　コトの反コあり
左より起て右に行ものは左に反る
ヨコの反ヨあり　ホコの反ホあり

上より起て曲の手に下に行ものは下曲に反る

アメノトコタチの反　イセ（イ）

アシの反　イセ（イ）

下より起て曲の手に上に行ものは上曲に反る

クニノトコタチの反　キセ

ヨシの反　イセ

余は是に従ふ

飯石を反する上の語と下の語と鏈《カスカヒ》にして反す

ことあり一語限りとのみ泥《ナヅ》むべからす其例

吾妹　本語ワカイモなるをカイを反てワキモといふ

遠江　本語トホツアハウミなるをツアの反タにてトホタフミといふ

近江　本語アハウミなるをハウて反アフミ

といふ是等は縦に反するの例なり

言霊一言之法則

此一言の法則は天地自然の氣なり人間の詞を此一言の霊に反て言の心を知るなり

ア

空中ノ水ノ霊　無ニシテ有也

五十連総名天也海也吾也自然也〇也

イ

空中ノ水ノ霊

出息也　命也

ウ	エ	オ
空中ノ水ノ靈 浮也　昇也　動也　生也　噴也	空中ノ水ノ靈 天地ノ胞衣也　映也　枝也	空中ノ水ノ靈 起也　貴也　高也　於《ヲヘ》也 此ノ行ハ総て天に位して親音なり　故に各横の音に附合する

カ	キ	ク
暉火ノ霊　影也　別也　香《コマヤカ》也　妙也　香《コマカ》也 黒也　晴也　大也　土也　數也　凝也　高也　限 也　如是也　陽ノ舞也　家也　草也　是有《カクアル》也　擱也	影ノ火ノ霊 気《イキ》也　正中也　限也　生也　草也 貴也　来也　香也　土也	影ノ火ノ霊 気《イキ》ノ降也　其也　土也　黒也　香 也　濁也

ケ

影ノ火ノ靈　異也　差別《ケヂメ》也　正也

香也　香也　器也ノ五穀也　家也

朝ヨリ暮ニ至ルノ義也

コ

影ノ火ノ靈　男也女也總テ人ノ靈也凝

也器也囲《カコム》也處《トコロ》也細《コマカ》也香也小也

此カ行天地の明暗時々刻々ノ別れ總て言テ諸々差別を

宰るの行なり

サ

昇水ノ靈

割別《サキワカル》也　細也　小也　少也　短也

離也　放也　去也

シ	ス	セ
昇水ノ霊 始也 終也 死也 己也 幸也 司《ツカサ》也 育也 石也 出水也 印也 進也 繁也 為限《シキリ》也	水中ノ火霊 澄也 洲也 直也 鳥也 穴也 差別也 黒也 無文《カザリナキ》也 一《スイチ》也 住也	水中ノ火霊 無也 助也 瀬也 背《ウシロ》也 為《スル》也 甲也

ソ

火水ノ靈　形無也　遅也　揃也

塩也白也底也背也始也山也磯也所也

此廿行は天地及び万物の正中を昇水也総て後《ウシロ》を宰る行なり

タ

水中ノ火靈

靈也　種也　大也　多也　連也

胎也　縦也　溜水也　正也

チ

水中ノ火靈胎内ノ火也血也地中火也

草也釵也風也父ノ靈也息ノ本也五穀也鳥靈也一也年月日時靈也隔限也

ト	テ	ツ
水中火ノ霊　男也　戦也　解也　飛也　基《モト》也　人也　尊也　止也　昇也　速《ハヤキ》也　前也　所也　此ノ行は萬物の種を宰て一より百千の数をなす　総て前の義なり	火水ノ霊　左右也　掌《タナゴコロ》也　風也　人也　発也　晛ノ霊也	火中ノ水ノ霊　渦巻也　列《ツラナル》也　続也　積也　約也

ナ	ニ	ヌ
火水ノ霊 和也 女也 流也 下知也 正中ノ霊也 凝也 双也 頭也 要也 生也 鳴也 汝也 柔《ナゴキ》也 過去現在未来ニワタル霊也 納《イル》也	火水ノ霊 天地也 日月也 火水ノ凝也 冊也 非《アラズ》也 從《ヨリ》也	火水ノ霊 黒也 嗜也 終也 潤也 緯也 出入息ノ間ニ住ムロ也

子	ノ	ハ
火水ノ霊 水火《イキ》ノ根也 母ノ霊也 土也 鎮也	水ノ霊 ○也 回水也 然也 差別ヲ宰也 切也 割切《サキワクル》 此ナ行ハ万物ノ平中ヲ宰也 力ニ通也	正火ノ霊 地の方を宰る也 場也 角也 実也 初也 発也 出入息ノ術ヲ宰也 土也 髪也 廣也 ワニ唱る時はワの心をなす （詞の下にワと言時にこのハ音を言ふなり）

ヘ	フ	ヒ
正火ノ靈 脹也 際也 經也 緯也	正火ノ靈 火水ノ雨を寧也 經也 合也 太也 吹也 覆也 語の下ニウにひゞく時ハ此のフに移て書也	正火ノ靈 天を回る火の靈也 日也 出入息の本也 穴也 未也 非也 否也 語の下にイに言ふ時に此のヒを言也

ホ	マ	ミ
正火ノ霊　母也　火浮《ホノメク》也　光也	火中ノ水霊　潤水也　向也　眼也	火中ノ水霊　潤水也　正中ヲ宰也
天地万物ノ初也　矛也　陰門也	田也　間也　曲也　大也　廣也	円ノ霊也　貴也　生也　五穀也
臍也　ヽ《ホチ》也　袋也　日ナ霊也	圓也　甚也　狗也　多也　女、男也	渦巻也　晴也

ム	メ	モ
火水ノ水霊　濯水也　異也　空也 息ノ終也　晴也　結也　睦也　黒 也　渦巻也	火中ノ水霊　淘水也　回也　芽也 正中ノ宰也　女也　未也　馬也 海草也　命也　下知也	火中ノ水霊　淘水也　舫也　場也 茂也　者也　累也　毋也 ハマ行は○《アルキ》を寄て空体也

ヤ

火水ノ霊　文也　和也　汇也

家也　否也　水火ノ両ヲ宰ル也

反《ウラハラ》ノ義ヲナス也

イ

水中ノ大ノ霊

入息也　命也

詠ノ下ニ書ク仆カ是ナリ

ユ

水中ノ火ノ霊

寛《ユルヤカ》也　火水ノ和也　流水也

従ノ通音

毎ノ通音

ヱ	ヨ	ラ
水中ノ火ノ霊 溜水也　夜ノ胞衣也　眠ノ胞衣也 果也　枝也	火水ノ霊 世也　女男ノ契也　淀也　齢也 下知也	濁水ノ霊 隆也　延也　喠也

レ	ル	リ
濁水ノ霊 涎也 喤也	濁水ノ霊 涎也 喤也	濁水ノ霊 イイ 息息ノ雨也 人也 割割也 涎也 喤也

ヰ	ワ	ロ
水火の霊　蒼空也　潮水也　引汐也　天地人萬物を摠て備たる井《ミホヒツ》也　居也　五十音の流用は此霊に過たるは無し	水火ノ霊　國土也　水《し》火《ホ》水《ミヅ》也　水ノ○《ワ》ヲナス也　萬物の形を宰るなり	濁水ノ霊　大濁ノ堨也　ウリルレの四言に凝堨也故に其四言に代りて助言をなす有　此ウ行は火水の別なく堨の水霊也故に詞の上に無くして助言となすなり

ウ	ヱ	オ
水火ノ霊	水火ノ霊	水火ノ霊
渦巻水也	搦也	縦也
勤也	胞衣也	職也
沉也	寒也	男也
晴也	回也	終也
黒也		抵也
		居也
		小也
		少也
		亭也
		低也
		此ワ行は総て地を宰て一言にて一語をなす霊なり

三言同義の法則

ヨモロ

ヨ｜は共《タム》　モ｜は舫《モヤウ》　ロ｜は堝《カタマリ》

三言同義をあすの例へ

宗《子》ヨ｜を宗モ｜と云亦宗ロ｜といふ

子メナ

此三言同義をあし各正中を宰る

在《アラ》ねどをアラメト花良た奈をヨラサ子

左《サ》稲《ネ》蔓《カヅラ》をサナカツラと云ふ

ミキナ

此三言各正中を宰る故に同義を

あす

海をキムチ山高《ヤマタカキ》をヤマタカミ人目多《ヒトメオホキ》を
ヒトメオホミ海上《ウミカミ》をウナカミ

ヒチス

ヒ|は天の火あり千|は萬物肪肉の
火あり又|は水中の水あり故に其義相通
す茲を以て人織有時は火を以て清潔《キヨムル》と
云ふは千《血》と匕《火》と同義なるを以て千《血》に代
て火を殴むるあり血の赤やは則ち火の
赤きあり流るは水にして火水《ヒミツ》あり水火《ヒホ》
あり水火《イキ》あり火水《カミ》あり故に千《血》の織は神…

を恐ヒ《火》を以て千《血》を清潔水火を以てヒ《火》を清潔なり原《モト》火《ヒ》血《チ》神《タマシヒ》ともに同霊なる故也

二言相通法則

ハヒフヘホ	マミムメモ

マ行は空体なり濁言なすこと難し濁る時はハ行に移て濁言をなす其例

苫《トマ》をトハ　蛇《ヘミ》をヘビ　眠るをネブル　女郎花《ヲミナメシ》をヲミナベシ　紐《ヒモ》をヒボ　煙《ケムリ》をケブリと云

ふ餘は準ず

ヤイユエヨ
ラリルレロ

ヤ｜行は入息なりラ｜行は入息を摑の濁水より故にラ｜行の假名はヤ｜行に摑て移る

其例　萬葉集に

故無《ユヱモナク》吾裏紐《ワカミタヒモノ》令解《トケシムル》人莫知《ヒトニシラエ゜ナ》及正逢《タタニアフマテ》

足千根《タラチネ》乃母爾不所知《ハヽニシラエ゜ナ》吾持留心《ワカモテラん》有《コヽロハ》吉恵《ヨシヱ》君《キミ》之随意《かまに〱》

サシスセソ

サ｜行は後を掌る夕｜行は前を

タチツテト

率る故に相互に移て濁言を
ふすふり亦タ言はサ言に移りてササと
二言をふしツの言もス言に移りてス
と二言をなすことあり総て其例
樂《タ》の假名二言を開て樂浪《ササナミ》と云ふツハク
ラの反タるり二言に開て燕栗《ササクリ》と訓むテ
ツクリのツ言二言に開てリは助言にし
て省り誧布《テススグ》と訓む一言究移て八雲立を
八雲サスと云ふ　余は是に準ず

シチスツの四言互に移て濁言をふすの法則

シ|の濁る時はチ|言の火交て体は水霊あれども活用は火に現れて音下に降るあり

チ|の濁る時はシ|言の水交て体を火霊あれども活用は水に現れて音上に昇るあり

ス|の濁る時はツ|言の水交て体は火霊あれども活用は水に現れて音上に昇|

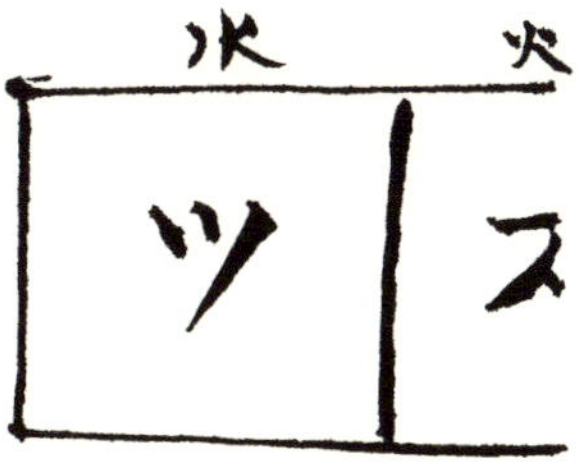

さなり
ツ｜の濁る時はス｜言の火交て体は水霊
なれとも此用は火に現れて言下に降
るなり

右四言の濁は容易に知ること難き假字也
譬へは富士のシは体は水なりて雖もチ｜の
火交りて用《ハタラキ》は火に現れて音下に降る故に
水の濁ることを知てフジと書き藤《フヂ》のチ｜
は火なりと雖もシ｜の水交りて用は水に現

れて音上に昇を以て火の假名の濁なることを知てフヂと書き自然と音降は水の假字と知り音昇るは火の假字と知るべし然りと雖も實は本語を尋て書は道なり其例藤の本語はフタアヰなり（青赤の二ツの天井《アイ》色なり）タアヰの反チにてフヂと書き戸母《トじ》本語トりシマリなりりを省きシマリと反てトじと書く屑《クヅ》本語クヅルなりルは助言にして省けてクヅと書き疵《キツ》本語キリサクなりり

言を省きサクを反てキヅと書くなり濁る
と云ふ詞は本火水の二《ニ》凝《ゴリ》を云義なり余は
從之

従ニテ詞軽重ニ動ク假名之法則

カ	サ	タ	ナ	ハ	マ
ケ	セ	テ	子	ヘ	メ

此ケセテ子ヘメの六言は女音《ヲミナコヱ》にして軽し重き語を與む時は上の段のカサタナハマの男音に譲るふり軽重に従て譲ると譲らざることありその例を左に示すこととす

菅蓏《スゲコモ》をスガコモと云ふ、風車《カゼクルマ》なるをカザ車と云ふ、手枕なるを夕枕と云ふ、稲薦《イナコモ》なるをイナ薦と云ふ、苗代《ナヘシロ》なるを十人代と云ふ、天照《アメテラス》なるをアマ照と云ふ如是軽重に従て音動くあり其の動くと云ふ訳は菅蓏と云ふ時は下の語の蓏に用ありて重し菅のケはカに譲りスガと云ふ風車も車に用ありて重く風は用なくして軽し故に風のセはサに譲りてカザ車と云ふ稲薦は薦に用ありて重く稲

に用なくして軽し故に稲の子はナに譲りて
イナ迄て云ふ苗代《ナヘシロ》は代に用ありて重く苗は
用なくして軽し故に十八代と動く天照は照
に用ありて重く天に用なくして軽し故にア
マ照と云ふ亦手洗《テアラフ》と云ふ時は手に用ありて
重し故に譲らす上下読の軽重に因て動くも
動さるとあり餘は之に準す
附て言古訓は右等の法則ありて正し書す
上はかりにて見かたし近世の国文学者往

々にして古訓は誤ありと云ひて此方の
詞を彼方の詞に見合して書直されしもの
見ゆれども僻言あり詞は体用軽重す差か
たによりて転用をなすあり近世の俗学者
流の力に及ぶものにあらす

躰言已定下知

	ヒラキ ユキ サキ	イタシ ナシ カシ	ハナチ モチ カチ
	ヒラク ユク サク	イタス ナス カス	ハナツ モツ カツ
	ヒラケ ユケ サケ	イタセ ナセ カセ	ハナテ モテ カテ

此圖二段の横に收る音は詞の躰をふし三段の横に收る音は詞の已定をふし四段の横に收る音は詞の下知をふす幾千万の詞と

イニ	イハヒ オモヒ ナラヒ	ツマミ カラミ エラミ	オイ	ハヒリ キタリ カヘリ	
イヌ	イハフ オモフ ナラフ	ツマム カラム エラム	オユ	ハヒル キタル カヘル	
イ子	イハヘ オモヘ ナラヘ	ツマメ カラメ エラメ		ハヒレ キタレ カヘレ	

雖も此三段のクスツヌフ
ムユルの八言に収ちさる
はふし
中庸の靈ふり
アワヤの三行は君位にし
て詞の活用をなさす

知ルノレ和ワ音ヲ

黒ノ假名は天を象る

白の假名は地を象る

天地の音を以て引時は同音をなす

其例

アウ　オウ　カウ　コウ

天	ナ	タ	サ	カ	ア
					イ
					ウ
					エ
地	ノ	ト	ソ	コ	オ

サウ　ナウ　マウ　ラウ　○　アウ　ウウ　オウ　○

ソウ　ノウ　モウ　ロウ　　ワウ　ウウ　ヲウ

タウ　ハウ　ヤウ　ワウ　　イウ　エウ

トウ　ホウ　ヨウ　ヲウ　　ヰウ　ヱウ

ワ	ラ	ヤ	サ	ハ	宰
井					
ウ					
ヱ					
オ	ロ	ヨ	モ	ホ	宰

アウチウ　　ワウオウ

○

水火《イキ》相對して回ること如是茲を以て天地相對して一なることを知る君臣上下一にして和することを知るなり

言霊佐言《コトタマノタスケゴト》

此佐言と云は十一言ありて各詞に現れ或は隠れて自在をなして訓の活用をなすなり

起言　補言　助言の三つの法則あり詳は左に誌す

アイウオ

起言

此四言は語の上に在りて語を起て現れ或は隠れ語の上にのみ位して語の下に居ることなし

其例

㋐の言は語の上に現れ隠れて語の下に居らざる例

川合《カハア゜ヒ》《カハ○ヒ》　大穴持《オホア゜ナモチ》《オホ○ナモチ》　青旗《ア゜ヲハタ》《○ヲハタ》　足痛《ア゜シナヘ》《○シナヘ》　渡津海《ア゜ワタツウミ》《○ワタツミ》　朝奈朝《アサナア゜サ》《アサナ○サ》

ナ奈ナ

㋑の言は語の上に現れ隠れて下に居らざる

例

磯馴《イ゜ソナレ》《○ソナレ》　汝《イ゜マシ》《○マシ》　常磐《トキイ゜ハ》《トキ○ハ》　仮庵《カリイ゜ホ》《アリ○ホ》　明石《アカイ゜シ》《アカ○シ》

（伊放《イ゚サカル》、伊行《イ゚キ》）是等のイ゚は語を起て只上《カミ》にあるのみ

ウの言は語の上に現れ隠れて語の下に居らず

る例

秣《ウ゚マサ》《ロマノサ》　尾上《ヲノウ゚ヘ》《ヲノロヘ》　床上《トコノウ゚ヘ》《トコノロヘ》　相馬《サウ゚マ》《サウロマ》　水内《ミウ゚チ》《ミノロチ》　但馬《タシウマ》《タシロマ》

オの言は語の上に現れ隠れて語の下に居る

さる例

思《オ゚モヘ》《ロモヘ》　生《オ゚フ》《ロフ》　田面《タノオ゚モ》《タノロモ》　陸奥《ミチノオ゚ク》《ミチノロク》　風音《カゼノオ゚ト》《カモノロト》　埴生《ハニオ゚フ》《ハニロフ》

餘は從之

シミツ

補言

此三言は語の上中下共に現れ隠るゝの言也

其例

道《ミロチ》《ロチ》　満奈布《ミロタナフ》《ロタナフ》　峯《ミロネ》《ロネ》　脚帯《アシロコヒ》《アロコヒ》　白髪《シラカミロ》《シラカロ》（各隠れたるあり）

人シロ　花シロ　光シロ　国ツロ善神　上ツロ瀬　下ツロ瀬

見《ミエ》ミロ　不見《ミユズ》シロ　朱鳥《アカミロトリ》（是等は現て補たるなり）

ラリルレ　助言

此四言は詞の下にのみありて現れ隠れて助

となす其例

鳥狩《トリカリ》《トロカリ》　己《オレ》《オロ》　左糠蟹《サヌルカニ》《サヌロカニ》（是等はル言隠れてラの言に現て助たるなり）
総て詞の下にあるは皆助言なり但しリの言は
別に活用あり一言の法則の処を見て知るべし
附言　閲《ヒラ》クキ　致《イタ》スミ　持《モ》ツチ　思《オモ》フヒ　搦《カラ》ムミ　鳴《ナ》クキ　聞《キ》クキ
（是等の類は助言にあらず　詞の活用なり）

右の十一言は各言霊の助をなすの言なり故に
詞を解くに詞の上にアイウオの四言を以て起
て見或は現れ有を省て見或はルミツの三言を

以て補ひ亦は下にウリルレの四言を以て助ケ或は現れ有を省き或は反約て一言の法則に合せて言の心を知るなり

詞を解くに御霊に現れたる語は直に一言の法則に合て言の心を知るなり亦詞より現れたるもしは詞に延開て言の心を知るなり

言霊に躰用の二義有り御霊は天地の霊にして

躰ふり詞の約りたる霊は用ふり故に一詞の中に躰用の霊の交りたるものあり蓋し躰より現れたる言は其儘一言の法則に合て心を知り詞の霊は詞に延開て心を知るふり詞に延開くこと何言も限りはなし其ことに従ふ詳しきは次章に詞を解分くる扱を見て知るべし

附言　今世の或説に曰言は発語も言は有音など唱へて猥りに省或は解せざる詞は古言など云ふは僻言なり此十一言は古傳

にして此外に省音は與し

詞を解くに言《コト》語《コトノハ》詞《コトバ》辞《テニヲハ》の四の差別を分されは扱ふこと難し言とは一言をいふ語《コトノハ》とは二言より五言まで與りて下の言の動かさるを云ふ詞《コトバ》とは其語の下の言の動て活用ものを云ふ辞とは其語と詞とを綴て始終を続ぶをいふなり

附言 コトヽはコは凝トは與ことにて水火《イキ》凝々て吹出るものをコトと云ふ故に一言とい

ふ
コトノハと云ふハは開ことにて言の開た
るを言《コト》の発《ハ》と云ふ故に二言より五言まて
に発きたるを云ふ
コトバと云ふバはハハの累りたるにて言
の葉の亦発そいふことにて詞《コトノハ》の下の言の
動て発くを云ふことなり
辞《テニヲハ》のテは別に云へは茲には解かず

語

家 イヘ 同上

庵 イホ 同上

山 ヤマ 同上

川 カハ 同上

歌 ウタ 二言一語

背 ウシロ 同上

形 カタチ 同上

東 ヒガシ 同上

枕 アクラ 三言一語

桂 カツラ 三言一語

湖 ミツウミ 四言一語

自 ミツカラ 同上

杜 サテ 鹿 シカ 四言二語

七 タナ 夕 ハタ 同上

オノツオラ 五言一語

長 トコシナヘ 同上

深 ミヲ 標 ツクシ

各下の言動かず餘は之に従ふ

来 キタ ルリ
通 カヨ フヒ
短 ミジカ キシ
粧 ヨソホ フヒ

詞
放 ハナ ルレ
流 ナカ ルレ
長 ナカ キシ
遊 アソ ブビ

擱 カラ ムミ
残 ノコ ルリ
恨 ウラ ムミ

思 オモ ヘヒ
萌 モユ ヘ
尽 ツク スシ
喜 ヨロコ ブビ
棚 タナヒ クキ
調 トトノ ノヒ

各下の言動て活用く詮けえに従ふ

音響之法則《オンヒヾノノリ》

ンツウイ

此四言は大字の引音に紛ふあり契るを皇國の語の下に付キミチニヒミリクスツスフムルの十四言に響くをいふ是を倭言と云ふあり故に歌に讀まれず其例

本語 音便

書《カキ》 カイ　蘭《ラニ》 ラン　上《カミ》 カン　丹《タニ》 タン　件《クダリ》 クダン　榛《ハキ》 ハン　神《カミ》 カン　新《ニヒ》 ニツ　冠《カブムリ》 カンムリ　縁《エニ》 エン

切《セチ》 セツ　紫苑《シヲニ》 シヲン　木丹《クタニ》 クタン　木蘭《モクラニ》 モクラン　木欒子《ムクレニシノキ》 ムクレンシノキ　牽牛子《ケニコニ》 ケンゴシ

是等の唱は現今學者の説にして和語に非と云は非なり

右音響は音重し故に下に在る語は必濁言とふ、其例

書附《カキツケ》《カキヅケ》　上野《カミツケ》《カウヅケ》　丹波《タニハ》《タンバ》　榛原《ハリハラ》《ハイバラ》　笄《カミサシ》《カンザシ》　富田《トミタ》《トンダ》

各下の言皆濁るなり餘は之に從ふ

附言

此音便の假名にフとウと紛て誤多し譬へは《テイラハ》

オモフイハフタマフ如是の類のフの下に餅

のテを附ては書れぬふり其時はオモウテ
イハウテとフを音便に書くありなも俗言に
して歌にはいけれす歌にはオモヒテ　イハ
ヒテと雅言に書くふり

言響《ケンキシ》

此言響といふは皇国の言自然と文字音の有
こツウイタキノムチ井の十言に響くを云ふ
次章に委しく説す

入聲

この入聲と云は皇国の語と漢國の文字音同一なるものをいふ和漢の語互に入交を以て入聲と云ふ其一二を茲に誌す餘は文字音入聲の部をもて知るなり

菊《キク》 蝶《テフ》 葉《エフ》 福《フク》 德《トク》 法《ハフ》 急《キフ》 廿《ニフ》 薄《ハフ》 合《カフ》 甲《カフ》

この入聲には亦音便をなすことあり左に其

例を誌す

入聲音便　合羽《カフハ》《カッハ》　甲冑《カフチウ》《カッチウ》　連声　法華《ホフケ》《ホッケ》　法度《ハフト》《ハット》　急度《キフト》《キット》　集註《シフチウ》《シッチウ》

薄荷《ハクカ》《ハツカ》　肉桂《ニクケイ》《ニツケイ》　餘ハ之に従ふ

國名の清濁は水土の清濁を現す例

山城　大和は清音の國なるを以て水土の清き
を知る　丹波　丹後は濁音の國なるを以て水土
●濁たるを知る　清音の國人は言語の別れ正し
く濁音の國人は言語の別れ正しからず餘は押

て知るべし　米穀と云ふとも之に従ふ

國産の貴き者は國名の靈と同する例

キイ《紀伊》の反キ｜なり　カラアヒ《蜜柑》の反キ｜なり　同靈

カヒ《甲斐》の反キ｜なり　カキ《柿》の約りキ｜あり　同靈

アハ《阿波》の靈ア｜なり　靈を以て阿那郡と云　アヰタマ《藍玉》の反ア｜なり　同靈

アハ《安房》の靈ハ｜なり　靈を以て安房郡と云　ホシカ《干鰯》の反ハ｜なり　同靈

ムサシ《武蔵》の反シ｜なり　ムラサキ《紫》の反シ｜あり　同靈

マツマヘ《松前》の反メ｜なり　メ｜は海草の靈也　若布ワカメ　荒布アラメ　昆布エビスメ　同靈

ノサキ《荷向》の反二ふりノシ《熨斗》の反二ふり　同靈

右の外國産の靈は推て知るべし結城《ユウキ》に綿の靈あり亦陶器を古より俗に瀬戸物と唱ふ其名は原より尾張にあり故に竟には其靈現れて今上品を製出す其地の靈に靈合ものは必す現る

峯地名御靈

アカサタナ　ハマヤワ

ウクスツス　フムユ
オコツトノ　オモヨヲ
　井キミシヒ　　以上三十二言
チケアニ
音の軽重によりて五言加り総て三十七言ふり
右三十七言地名の頭に冠たる其例
ヤマシロ國並郡名カドノ、オクキ、ヲトクニ
　キイ、ウヂ、ツツキ、サウラク、ク
セ、

タンバ國並郡名ミナミクワダ、キタクワタ、
フナ井、イカルカ、アマタ、クキ、
ヒカミ、
タンゴ國並郡名カサ、ヨサ、ナカ、タケノ、
クマノ、
諸國是に從ふ

地名
アヤベ、モトミヤ、イサ、フクチ、マイツル、

タナベ、ウメザコ、ウヘスギ、アグラ、マカ
ルベ、ヤマガ、ツチ、コマ　トノダ、セキ
ソノベ、シウサン、ヤギ、ウツ、キサキ、オ
オムラ、ヲヤマ、カメオカ、サガ、ハナゾノ
ニテウ、キヤウト、スイタ、ムカフマチ、
イハラギ、ソガヘ、ヨシダ、アナフ、イテン
グリムラ、サト、キミ、タケダ　グロヰ
ヰノムラ、ヤクイ、ウヘノ、ミカタ、ホシバ
ラ、タカラツカ、　餘は準して知るべし

右の如く國郡市町村落の名たりとも此三十七言を名頭に冠らさるはなし然りといへども言靈の法則を以て云のみ廣く天下の地名なれば其國の人引合せて知るべし万々一百に一つの違ふ如く聞るものありとも必言の軽重にてあるべし神國の地名は自然に靈備りて既に頭に御靈を戴き足に御靈を踏むとて知るべし

清濁に因て詞の巻別る為の法則

ワクラ《ラ》ハ

和久良波

ワクラは別《ワク》なり ラは助言 ハは放つことにて
数多く有る中を別放るゝことゝいふことにて稀
といふ義に同し 古今集に和久良波に問あら
むなとあり

ワクラバ

和久良婆

ワクラハの葉と云ふ事にて ハハの二言畧を
以てバと濁言をなす也 稀なる言葉と云ふ事
にて 草木の畧なる替葉を云ふなり

トヨミ　動

トヨミは清音に云ふ時は音の低きを寧る故に遠く聞くことにいふ

ドヨミ　動

ドヨミは濁音に云ふ時は音の高きを寧る故近く聞くことにいふ

タキ　瀧

タキと清音に唱ふるは五大の高きより落つるにいふ

タギ

瀧

タギ　濁音に唱ふる時は　谷川などの泌落《タギリヲツ》ヨ事にいふ

サリ

去来

清音にサリと云は去ることなり

ザリ

去来

ザリを濁音に云ふ時は来る事なり春去来《はんざり》は春の来る事夕去来《ユうざり》は夕にあることなり

イサ

伊佐

イは起言サリはサラの反にて不知《しらず》と云ふ枕詞にて更に不知と云ふ義なし

イザ

イは起言ザリと濁る時は誘ふ事あり

此外月夜月夜なとの差別は次章に詳き説すべし

霊合之法則

此霊合と云ふは詞は別なれども反れる霊の同

一なるものは同義をなす也然りと雖も事の次
第によりて撰りにはなさす其例
カスミ《霞》の反　キーなり　キリ《霧》の反　キーなり
クモリ《曇》の反　キーなり　ケフリ《煙》の反　ホーなり
右各唱は別なれとも天地の氣より起ことの其
靈同一なり
トシ《年》の反　チーなり　ツキ《月》の反　チーなり
トキ《時》の反　チーなり
同靈同義なり

ヌレキヌ《濡衣》の反　ヌイあり
ナキナオハス《無名為頁》の反
スイあり

同
霊同義あり

トヨミ《轟》の反チイあり　トトロキ《轟》の反チイあり

同霊同義

タツ子《尋》の反　テイあり　トメの反　テイあり

古今集にとめこし櫻盛りあり云々

とめとは尋ぬる事をいふ

シホジリ《志保自里》の反　シイあり　シホスリ《擂鉢》の反シイあり

此しほじりのことは伊勢物語に富士の山のことと
を云ふに比叡の山をはたちばかり重ねたらん
ほどにとなりをしほじりの如くになんありと
云はれしは具合の出がゝあり麓より見れは摺
鉢を伏たる如く亦登つて見れば摺鉢を起して
見る如くの山なれば然はあれども摺鉢と
いふ詞なれば霊合の詞もて書れ—は古の文
法ありしほじりとはしほスりと云ふことにて
摺鉢の古言あり此しほじりのことは正治建仁

の頃の説を見るに未だ詳にせずとあり此頃にも言霊の扱に疎かりしと見に近世の説にも塩濱に砂を高く盛たることシホじりと唱ふ其砂に譬たるなとは論ずるに足らず亦ミ上山とシホじりなる山と云ふも搨鉢《シホズリ》の義なり

スヱ《末》の反セなりシヱ《志恵》ヱの反セなり

是等ノ霊含は同義なりと雖も末《スヱ》と云ふ時は千代万代の末にて「スヱ」善事に云ふ詞也志恵と云ふは「悪事に云ふ詞あり故に万葉集に志恵也命《シヱヤイノチ》

惜計久母無なとて爲敷ことにいふなり

解ニッ笛之譜一ヲ法則

語曰

比《ヒり》多《タ》利《リ》太《タ》比《ヒり》多《タ》利《リ》太《タ引》登《ト》良《う》婆《べ》宇《ウ》乃《ノ》加《カ》加《カ引》

賀《か》比《ヒ引》多《タ》利《リ》太《タ》

此俗笛の譜は安房上總下總の三ケ國に在りて住古より風流祭禮と号て六月の頃よりは九月に至る間國中一統の祭礼なり大幟を持

た木太刀を携へ大鞁輻鞁を添て笛を吹くなり此祭禮は往古より傳りたるものにして世の太元の水火《イキ》日月《カミ》は無始無終に東北なり御容姿を現し玉ひ水火の本なる光と温とを普ねく下土に降し神を立て國を開き人を立て玉ひし其鴻徳を賛美し奉るの尊き音譜なり太陽も大陰も艮寅卯の方位より昇りて其光と温とを下土に降し照し火と水とを賦与し玉ふ故に之を水火《イキ》日月《カミ》と称へ奉るなり

解曰

此とはフリの反の巳あり多《タ》里《リ》多《タ》の里《リ》は音響をあして多《タッ》太《タ》とある搭あり登《ト》良《う》婆《バ》宇《ウ》の良婆の反テにして登《ト》ら《ラ》宇《ウ》あり乃は辞《テニヲハ》あり加加とは加カの反カあしカタの反亦カにして霊合にてカタあり賀はカラの反の賀あり言心は

フリ《降》タッ《立》タ　フリ《降》タッ《立》タ　ト《寅》ラ《卯》ウノ《乃》カタ《方》　カ《柄》

ラ　フリ《降》タッ《立》タ

如是往古両読の旧例ありと知らるゝあり

三絃大鼓ノ音は総てタチツテトの行にあり其訣は此の行は水中の火を宰る故なり糸は縦《タテ》にして水あり撥《ハチ》は横にして火なり故にチンツンテントンの音をなすなり総て動すは火にして動くは水なれば撥に音なくして糸に音をなすなり

五十連の法則は総て本書の中に詳記しあり日夜に撓まず屈せずして是を練磨する時は耳に

聞て假名をもて記さるゝ穂々草松吹風岸に寄る波の音までも其理の知れずと云ふ書はあらじ鳥獣の音のごときは此章其名を解く処に誌すをもて茲には云はず斯く謂は初めて言靈學を讀む人は無稽の異説をはくものと怪むあれどそは皇国の大本教の學の未た開けざるの故あり神國の學は根本學或は學王學とも唱ふべき最も尊き學なれば天地の間に隠るゝもの一もなし既に神靈の人を産み玉ふい両眼を具みつ

は色を見せしむが為なり耳を与ふるは音《コヱ》を聞せしむが為め口を与ふるは言《モノイハ》せしむが為なり亦食せ呑せしむる為なり此人の穴の用を八耳《ヤツミミ》と云ふ其訣は耳にキキ《用》鼻に（嗅）キキ眼にキキ《利》口にキキ《利》総てキキと唱ふる穴八所有りて名あり故に聖徳太子を八耳の王子と号るも神明同体にして見るも聞くの明ならざるはなきの義なり神霊に依精なし吾《ワレ》人も人なり小天地なり只麁くも麁かざるをに因るのみ已が水火《イキ》に明なる時は神明

の八咫の御鏡の如くに輝き五色を見分る如く
耳に聞こえ知らすと云ふ事なし。
附言　世俗の言に彼の人は能く眼がキクと
いい酒を呑比ぶるをキイて見ると云
い亦好くキク鼻なと謂ふに八耳の理
あり政をキクと云ふも耳のみ用ふる
た非ず口も用い眼も鼻も用ふること
なり
敢て曰ふ此法則を以て壮鹿《サヲシカ》の八つの耳振立

て天地万物の音に合せて聞くべきなり

大本教言靈學天之巻終

言霊学 火之巻

大本教言霊學火之巻

序

丹波国上古は田庭国と書す余單言霊之華に依りて考ふるに タニハの タは水中之火之霊にして対照力也、霊也、種也、連也、多也、胎也、縦也、正也、溜水也、二は火水之霊にして天地也、日月也、水火之凝也、丹也、兆也、従也、ハは正火之霊にして地之方を宰也、場也、角也、実也、初也、發也、出入息之両を宰也、土也、髪也、廣也、亦ハを口に唱ふる時は〇之心を爲也、以上之言霊を察する時は実に当国には特殊之神縁ある事を知り得る也、㋟水中之火之霊とは水は火に由て動くものにして火とは天系、霊系、継系也、崇神天皇（霊《火》系）の神勅を奉じて丹波に入る丹波道主命は（体《水》系）教化の将軍として威望四隣を壓し君命に報答し奉りたるも㋟水中の火の霊即ち火水の体中に入玉ひて活動し玉ひたるなり、

霊系天照大神の現はれ玉ひて穀麻の種を四方に多く植え大に産業を拓き玉ひしも皇統連綿天壌無窮の皇基を樹立し民を養ひ玉道を教え玉ひしも連也、胎也、正也、と言霊天賦の活用が故なり

元明天皇の御宇丹波桑田郡稗田村佐伯より稗田の阿禮が現はれて和銅の経緯王化の鴻基なる古事記編纂の大事業に奉仕したるも正也、胎也、縦也、と言霊天賦の活用有る故なり

亦た古ゝ晦冥ゝ際して大江山に鬼賊酒呑童子現はれ王賊足利
尊氏ゝ生れたる不祥事有りしも溜水也ゝ言霊天賦ゝ活用有
るが故なり、㊁火水ゝ霊也、とは神ゝ霊也ゝ意義なり、天ゝ中心地ゝ中
心に天地初発ゝ火水ゝ大本源を解く綾部大本教ありて日神月神ゝ
無教を宣布し非を排め正を求め水《ミ》火《ホ》泡し凝りて成れるてふ外国
までも丹心を凝して教え導き四方ゝ曲津神を従へ正道に導き
て各自天賦ゝ使命を活用せしめ玉ふ出口開祖ゝ出現せられたるも㊁ゝ
言霊ゝ活用ゝ天ゝ時を得て発動せしものなり、心学道話を以て古
道人心を導きたる石田梅巌は丹波桑田郡東懸ゝ産なり、大日本
言霊学を初めて唱導したる産霊中村孝道氏は丹波八木村

の産なり、大本教を開かれたる出口開祖は丹波天田郡福知山の産なり、根本學（大本教言靈學）を唱導したる仁己は丹波桑田郡穴太の産なり時代に應じ東西相対照して経緯の真教を天下に宣伝する人物の出現するも㊂の言靈の活用に基くが故なり㊇は正穴の靈にして地の方を掌り至大浩々乎として神徳を天下に拡充し祭政一致の実を示し宇宙初發の本源を明にし、地球上の有るとあらゆる國土を平安に至幸なる道すき給ふ大神の顕現せられしも㊇の言靈の活用天の時を得て發動せしものといふべし大本教言靈學にては火を㊀と為し水を⦶と為して解説し、大日本言靈學にては火を⦶と為し水を㊀と為して説を立つ何れも動すべからざる真理ありと雖も大本教は火水の躰即ち未だ形に現れざる根本を論じ大日本言霊學にては火水の用即ち既に形に現れたる現象に依りて説くの差あればなり詳細の論は後巻に解くを以て今是には省略せんとす

大正四年九月十日

出口王仁誌

大本教言靈學　火之巻

本書天之巻ニ於て五十連十行之言靈法則を明示したりしが今亦た更に惟神之時を得て大本教十球之神旗ニ因み数之御靈之御信へを示し次に大本教大教主之神示に現れたるいろは四十八文字之御信へを言擧せんとす學者心を用ゐて研き玉ふへし

数之御付

此之圖は数之御霊指之頭ヲ備るゝ御符へあり（指は此之霊あるを以て動くなり）茲に著す所之◎《ウヅ》は指之頭に渦巻たる筋にして則ち脆衣なり御霊此中に位して右を掌る音は右仮字に現れ左を掌る音は左仮字に現れ左右之指を屈て数を知り其音ヲ数有る事掌之如く合て表裏となり見る時は同一をなす

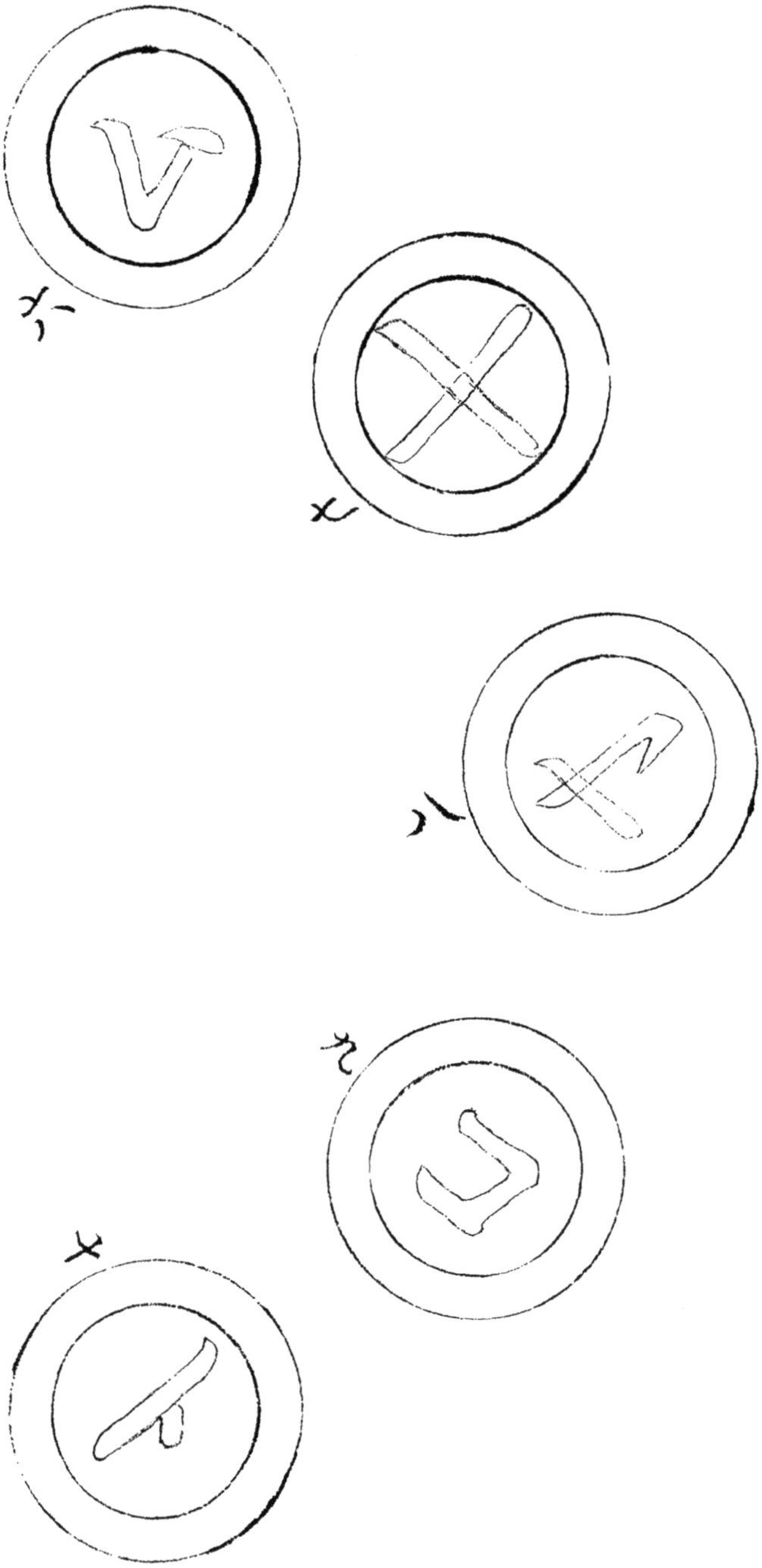

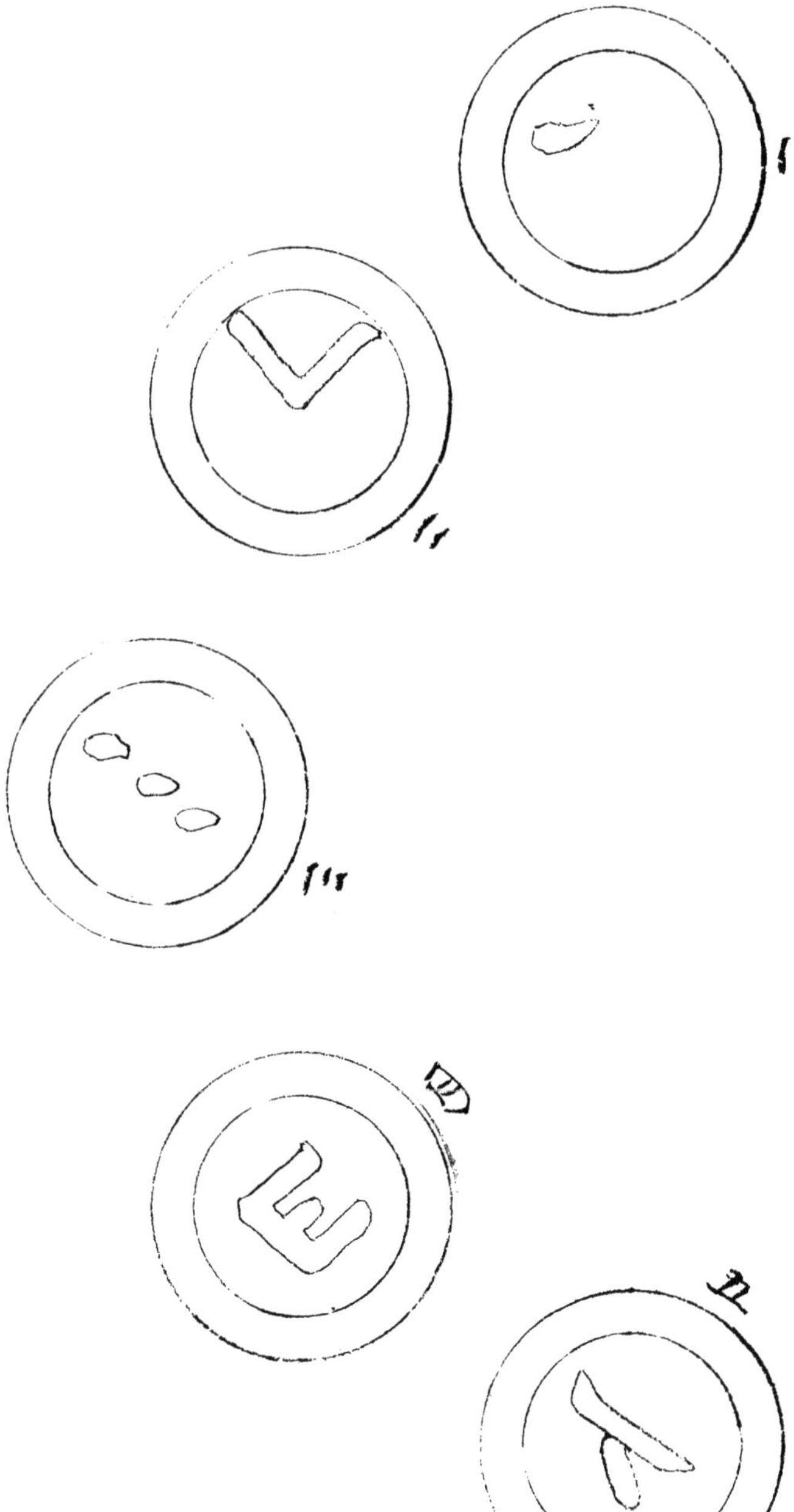

右圖中に七《ナナ》をナと一言に言譯はナナと約りナなればなり、九《ココ》をコと言ふはココと約りコなれはなり、十《トヲ》をトと言ふはト《ヲ》《ホ》と音流服《ハフラス》の故なり、五《イツ》をイと言ふはツは續く事にて出入息にイと續く義なればイイと約りイなればなり、故にヒフミヨイムナヤコトと言ふ是は神霊の氣にして躰なり、人間の唱ふる時はヒフミヨイ《ツ》ムナ《ナ》ヤコ《コ》ト《ヲ》是を用と言ふ解に曰く(ヽ)《ヒ》とは天地の初發《ハジマリ》の(ヽ)《コリ》なり、父母と一滴なり、其の(ヽ)《コリ》より火水《ヒミヅ》の兩義に吹き別《ワカ》る是を(フ)と言ふ(フ)は吹く事なり、其吹き別たる水を(ミ)と言ふ其水火《イキ》を與《アタフル》を(ヨ)と言ふなり(ヨ)は與ふ事なり

其水火を興て息に出入て列《ツラナ》るをイツと言ふ（イ）は息なり（ツ）は列なり

此に五言は左に指に位す　女男容成て息するに一段なり、

次に（ム）とは男子に水に（ミ）と女子に水に（ミ）と合てなるを（ム）と言ふ睦むなり、睦て互に気興を（ナナ）と言ふ（ナ）は興事なり

其水火に文《アヤ》に成るを（ヤ）と言ふ（ヤ）は文《アヤ》なり、

其文興気に凝たるを（ココ）と言ふ（コ）は凝事なり

其凝たる水火、興終てるを（トヨ）と言ふ　トは睦興事なり　ヨは終事なり

此五言は右に指に位を成し興終して（ヒ）を為す

此に教に教は女男に水火興て子を産に御傳なり、

如是左右の指を屈て十の数を知る、是は神代の扱なり、人の世になりて文字渡つてより初て(ヒ)に代て一の字を借り、(フ)に代て二の字を借りてより文字に眼移して口には皇国の言葉を唱へ眼には漢国の文字を見る事となりぬ、総ての事是等にあり臆《オシ》度《ハカ》て知るべし

附言

十の仮字に扱あり一二三と十まで續けて言ふ時は(ヲ)は終る事にして(十ヲ)と書する只(十)とばかり言ふ時は終る義にあらざれば(十ホ)と書する故に大和国十市郡を和に登保智と在るは其例也

三の数は火吹水と天初て水を生し気にして女を宰る故に正月三日を宰三月三日を以て雛祭とす、三は霊ある故なり、

五の数は息列の義にして男を宰る故に正月五日を宰五月

五日を算五歳にして始て髪を置く皆五ゝ霊あるゝ故なり、
七ゝ数は火ゝ水ゝ（ミ）と母ゝ水ゝ（ミ）と合して六にして（ヽ）を為す
其（ヽ）を添へて（七）なり故に（七）は女男交りて子を産ゝ数なり
慈を以て産て後七夜を祝ふ七歳を祝ふ春ゝ七草秋ゝ七草に
各をなして万物ゝ実ゝ数を唱へ七月七日に星合を成す、如是
此三五七に別て霊あるを以て七五三縄と義訓を為す、
総て其数ゝ音霊ある事件ゝ如し

〔モモ〕 モモとは（十ホ）を十集めたる事にて則ち（十ホ）ゝ依なり
（トホ）なり（ト）は其事なり（モ）は紡義にて其と紡と同義なれなり
（モモ）と言ふなり

千

ヨロツ

（チ）は一より百千に及ぶの事にして假字と文字の霊合なり

（ヨロツ）とは（ヨ）は與事（ロ）は堨なり（ツ）は列事にて

（十）を十集めたる百と千と與堨列と云ふ語なり故に（モモチ）の三

言の假字を與合て（卍）の形を現す文字に非ずと雖も其は

卍にして音を同するの故なり

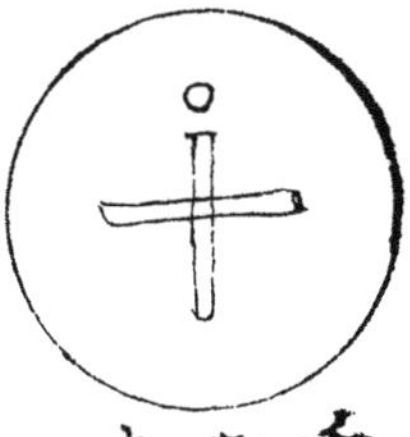

千とモ與たる形表裏合て知べし

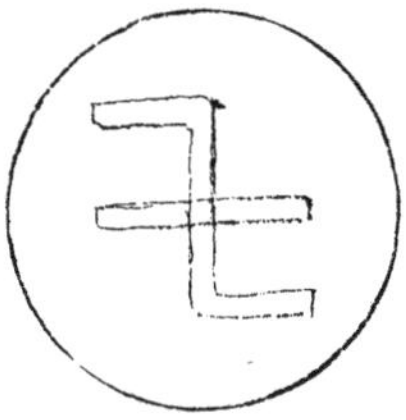

モとモ與て卍の形を現す表裏合て知べし

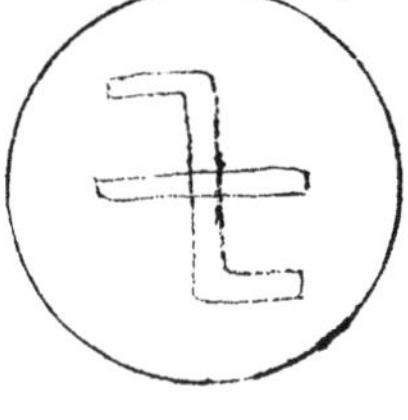

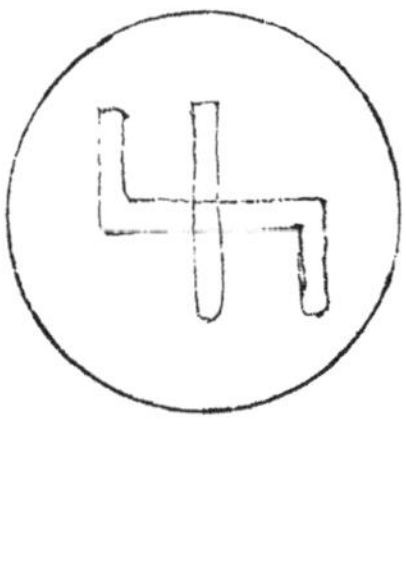

数々文字摸 大八嶋 法則

以呂波假字

此以呂波假字は空海の製作したりと言ひ伝へて古音より手習初めの事となしたりき誠に尊き御書なり此四十七字は古事記の淤能碁呂嶋の例に倣ひて日本紀の神代の巻の心を綴り文字を借りに呉音漢音義假字及び形假字を交へて（イエウ）三言を京の一字に縮めて通俗の為めに造りたるなり

假名は常に呉音漢音の形假字を交へて用ゐ故なり

此の圖表裏合して見給ふべし
水火の間合を備ふなる草書にして
凡智の及ぶ所にあらず
全く空海の筆法なる事凝ひ
なかるべし

此方右にして右假字を現す

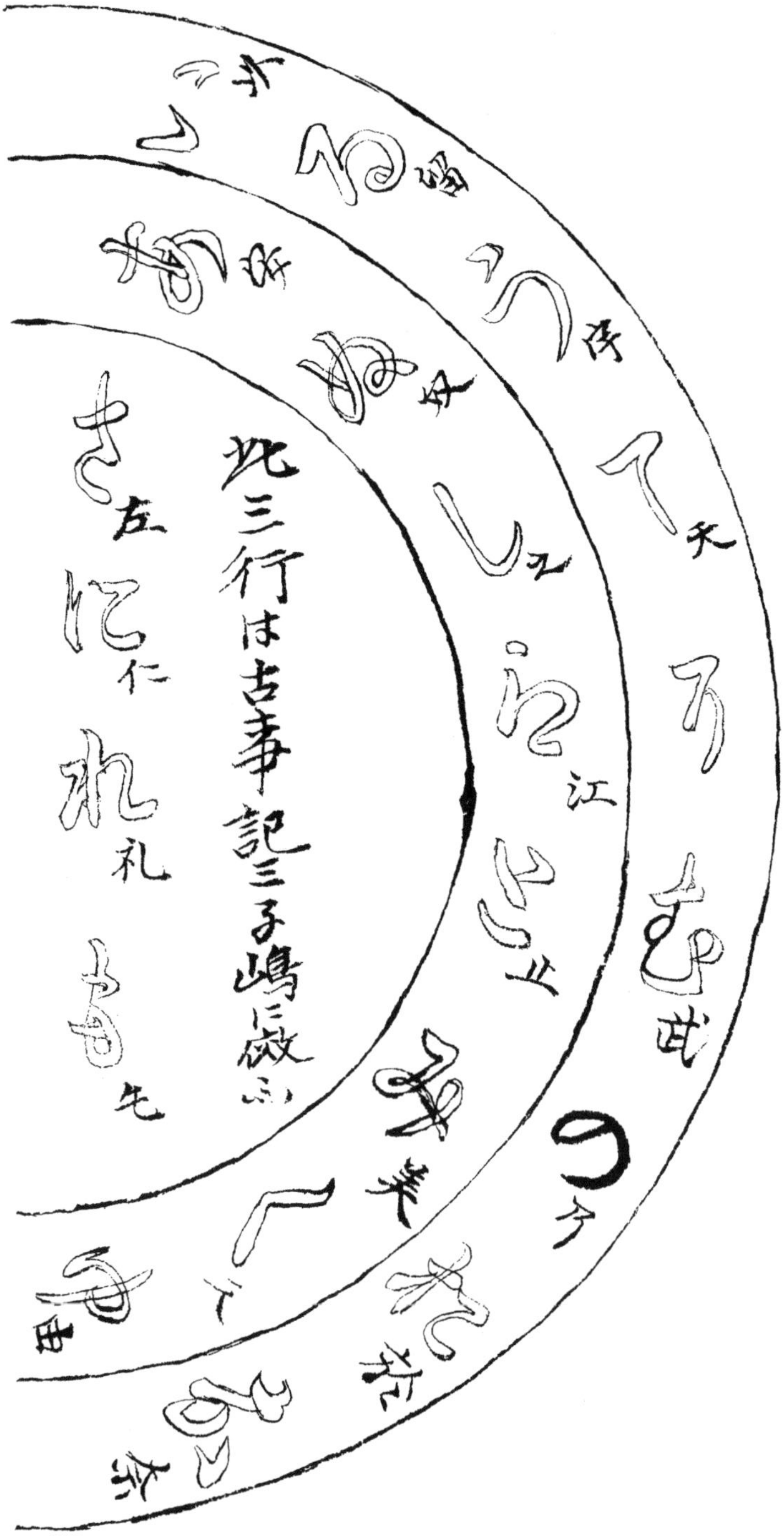

此方左にして左假字に現はる

亦た以《以》以衣《衣》之三字は表裏之形を現はす也

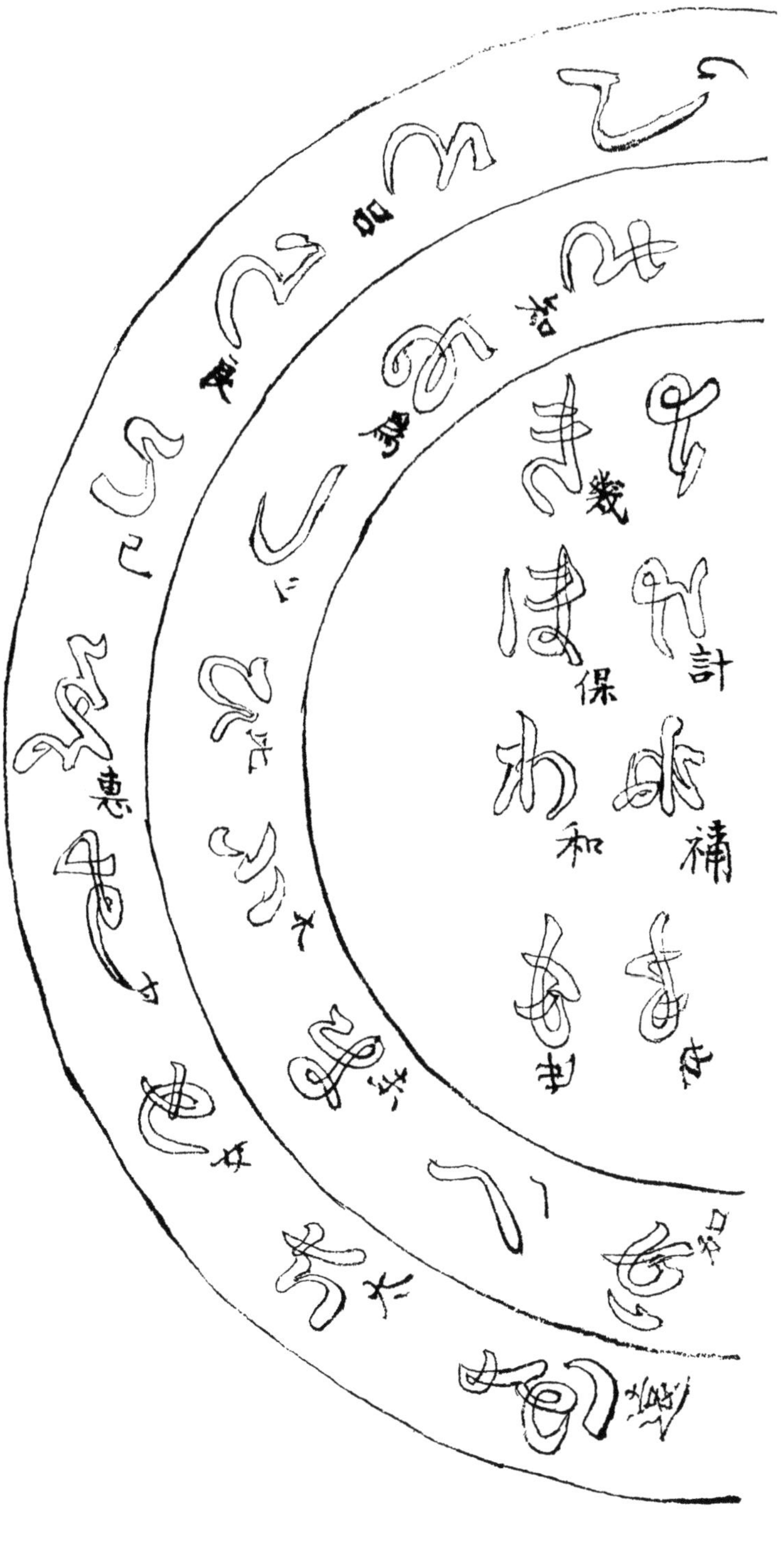

以呂波假字模大八嶋法則

（古事記は静にして□火也
日本記は用にして○水也）

い息也ろ竭也《カレル》は放也に雨也ほ火也へ張也と吐也

言心は(イ)と父ゝ(火)ゝ気起りて(ロ)と母ゝ気に凝竭り次に(ハ)ゝ気起りて放れとし次に(ニ)ゝ気起りて雨をなし、次に父ゝ気は(ホ)ゝ気を為して(ヘ)と張れて母ゝ水に(ト)と吐舫なり

此ゝ一段は父母一滴ゝ水火吐初めゝ義なり(日本書紀)

古天地未し剖陰陽不分云々とある段也

ち血也り濁也ぬ繕也る濁也を縦也わ輪也か搦也

次に(チ)ゝ氣起りて血の霊定り、次に(リ)ゝ気起りて濁り、次に(ヌ)ゝ気起りて繕を為し次に(ル)ゝ気起りて濁り、次に(ヲ)ゝ気起りて縦に延び、次(ワ)ゝ気起りて輪を為し次に(カ)ゝ気起

りて気《イキ》觸《カタチ》亦た（ワカルリ）父母一滴の（⊐）《イキ》母胎に動々回孕て二月に當つて形を爲すこと一段也、故に渾沌如雞子と言ふ

よ《甚也》た《玉也》れ《濁也》す《水火也》つ《續也》ね《根也》ふ《凝也》

次に（ヨ）の氣起りて其、次に（タ）の氣起りて玉の如くになり、次に（レ）の氣起りて濁り、次に（ソ）の氣起りて水火《シホ》となり次に（ツ）の氣起りて水火續別り、次に（子）の氣起りて水火《イキ》凝りて息の根定まり容の基を爲すなり、孕みて三月に當つて人躰を爲すこと一段なり

故に須《ク》濘《モリ》而《テ》含牙《キザシタ》と言ふ

ら《濁水也》む《濁巻也》う《浮也》ゐ《水火也》の《清水也》た《起也》く《火ヲ濁土也降也》

次に（ラム）の氣起りて（ラ）の濁水は（ム）の濁巻き次に（ウヰ）の氣起りて

(井)ニ霊し水火は(ウ)と軽くして浮き昇りて天を為し次に(ク)ニ気起りて火ニ濁りは土となつて降り次に(ノ)(オ)ニ気起りて(ノ)ニ清水は(オ)と起て水火ニ清濁分る

故及清陽《イキキヨキ》者《モノハ》薄靡《タナビイテ》而為《ナリ》天重濁者淹滞《トドコホリテ》而為地

や文也 ま向也 け差別也 ふ吹也 こ凝也 ゐ胞衣也 て発也

次に前段し(ウ井)と澄昇りたる水は出息となり(ラム)と濁りたる水は入息となり其二《フタツ》を畢ね(ヤ)ニ気起りて文《アヤ》に(マ)と気起りて向て文典ニ次に(ケ)ニ気起りて差別を為し次に(フ)ニ気起りて息吹き次に(コ)ニ気起りて凝々濁々て次に(エ)ニ気し胞衣《エナ》吹き切りて次に(テ)と發なり

此時身体全く堝まりたるに非ず生れて後に堝るなり

故に精《イサキ》妙《ヨキカ》之合《アヒ》摶《マロケル》易《ハヤスク》重濁《ル》者《モノハ》凝《コリテ》堨《カタマリ》難《ガタシ》と言ふ

あ（空水也）さき（割別也）ゆ（和也）め（回也）

(ア)ゝ気起りて天地未生ゝ空水を寧り次に(サキ)ゝ気起りて胞衣を割別け次に(ユ)ゝ気起りて水火《いき》和し次に(メ)ゝ気起りて上を寧水は回りて下に位し下を寧火は回りて上に位し天原水ありと云へども回りて徳を火に現はし地原火ありと云へども徳を水に現はす、故に人は頭を下に回し足を上に成して轉躰して生るなり

み（水也 月也）し（始也）ゐ（樋回也）ひ（火也 日也）も（穂也）せ（瀬也）す（洲也）

次に(ミ)ゝ気起りて水は月と現はれて右ゝ眼を寧り次に(ヒ)ゝ気起りて火は日と現はれ左ゝ眼を寧り次に(シ)ゝ気起りて(モ)ゝ気(エ)

の気起る則ち(シ《始》モ《舫》ユ《回》)の義にて月も日も始めて舫回りて明暗を為し、次に(セ)の気起り(ス)の気起りて(セ《瀬》)と為り(ス《洲》)と為りて天地全く定るの義なり、故に人は母胎を放れて五躰全く堝なり(ス)の言濁と言ふは(セ《瀬》ズ《洲》)の二言累なるが故に下濁言をなして(ズ)と言ふ如是頭を先として生るを以て日天先成て地後に定ると言ふ也、既に四十七言は母胎に動き動きて胞衣を出るの御供なり

「皇国の学は其大本を正すを以て主とす
故に手習の始めに先づ其事を教へたるなり」

「京」

此の京の字を置く事は五十連の音の中に(イヱウ)の三言各二言宛あるを省きて世俗の扱ひ易き為めとする也(キヤウ)の音に三つの扱ひ有り一つに曰く(キ)は気也、(ヤ)は文の事也、気の(イ)を文に扱へば(ヱ)也、(衣)を(衣《エ》)と曰ふは是なり故に(イヱ)の代りに(キヤ)と云ふ其の下に(ウ)を加へて(キヤウ)とす其の(キヤウ)の音は文字を借りて茲に置くなり、二つに曰く(キ)は息なり、陰《イ》陽《キ》なり、(ヤ)は文なり故に陰《カ》陽《ミ》文《アヤ》を為して万《カ》物《ミ》生じ人息を文にして言《キイウ》と云ふ義也

曰く然メ後神霊左ニ其中一と言ふ也
三ヲ曰く（カミ）ニ反シ（キ）あり是言ニ例ヘて（ヤウ）と開きて（キヤウ）
と云ふ如是此ニ四十七言は父母一滴ニ霊より気ニ一言宛ヲ動
く事ニ順を双べたるにて七言宛ヲ限りて義を為すにはあらず七言
は一句毎ニ自然開合ニ拍子ありと知る可し、其句毎ニ下に（トカ
ナクテシス）と言ふ七言を置く事は人ニ死ヲ臨む時を教ゆる
ニ義にして此（イロハ）は人間生死を知るの妙文あり
（トカ）と言ふ（ト）は（トフ）と活用《ハタラキ》（カ）は別る事にて人死に臨みて一
痾に非ずして人に問別かる事ハ無く天命ニ齢にして凡無く
きに枯木ニ折れるが如く死する事を言ふあり

亦た私人等言ふ（トガ）は（トガム）と活用詞にして善悪ゝ否を問ひて別けらるゝ人ゝ唱へなり、故に詞は同一に聞へても活用は別あり

附言　以呂波假字は後世学者ゝ説に
諸行無常《いろは にほへと ちりぬるを》　是生滅法《わかよたれそ つねならむ》　生滅々已《うゐのをくや まけふこえて》
寂滅爲楽《あさきゆめみし ゑひもせす》　ゝ義ありと臆度《ハカリ》に解きたる書有り、愚なる人は其書を見て驚き千代八千代をと祝ふ幼児ゝ習ふ習字始めたは不吉なれば用ゆ可きに非ず等言ひて作易たる書なりと見ゆれども笑ふに堪へたり、総て人は生るゝ時に死するゝ定有り命ゝ限りは貴き心に由るべきや、は愚ゝ至りなり、総て物ゝ始めは

終に響くは自然の理なり、今更驚くに足らず故に死子終、と言ふ
是自然の音なり
此以呂波文は人の生まるゝ事を説く中に自然と終に響くと言ふ
を以て妙文と謂ふ也

開假字の法則

此の開假字とは文字音を二言、三言、に開きたるを反して一言の霊
を假字に用ゆるを言ふなり

其の例

諸を反し（ソ）の假字に用《モチイ》、秀《シウ》を反し（ス）に用、沙《シャ》を反と（サ）に
用、藝を反し（キ）に用ゆ、

是等の例を開綴仮字と言ふ、亦た俗に以呂波仮字を平仮字と唱ふるは平常に用ゆるの義なり

呉音假字の法則

此の呉音の仮字を反したる處二三段にあるものを四段に下して借なり

其例

愛《アイ》の反（イ）なるを四段に下して（エ）の仮字に用

開《カイ》の反（キ）なるを四段に下して（ケ）に用

細の反（シ）なるを四段に下して（セ）に用

（余は皆是に従ふ）

片仮字之法則

此之片仮字といふものは文字音之二言成るものを下之一言を脚切て上之言を片々借るを片仮字といふ、其脚切て省之音十音有り

是を文字音之省といふ

其例

「ヲツウイクキフムチ井」

此之(ン)とは本聲(ウム)之二凝《ニゴリ》なり故に音を閉之言なり、原其形(文《ウム》)なり、是を畧して(ン)と製るなり、此之千言を脚切て片仮字といふ

其例

安《アン》脚切（ア）に用　吉《キツ》仝上（キ）に用　雲《ウン》仝上（ウ）に用
空《クウ》仝上（ク）に用　作《サク》仝上（サ）に用　式　仝上（シ）に用
西《セイ》仝上（セ）に用　啓《ケイ》仝上（ケ）に用　（余は是に従ふ）

如是文字音を脚切て仮字に用ゆるを片仮字といふ然るに神代の形仮字と唱ふる者と、唱への同じければ自《オノヅカ》ら混じて違いたる后末の代となりては其の大本を忘れ文字の書画を着きたる等いふ事とはなりぬ、盖《そ》は皆文字に流まるありて誤解あり、和漢、と謂ふとも同天地の御霊なれば文字は異なり万物似たるもの理しからず、似たりといふも法則もなく 伊 文字を着きて人の声を（イ）といひ 阿 文字を着きて（ア）を（ア）といふべきの謂なし、既に近代何人の業にや（補）を省きて（ネ）と改め（井）を（井）とする等辟事の極みなり、是等を辟言へて謂は匣を放ちて壊ち其板を以てかた匣といふが如し、太古音文字を扱たる法則に暗けれバなり

文字原《モト》扁無きを字と言ひ扁有るを文といふ、字を先きとして文は後にし、扁は添へたるものなり、故に傍に音有りて扁に音無し、茲を以て古音の人文字を扱ふに扁を省きて傍を用ふ

其例

伎を省き（支）　枳を省き（只）　健を省き（建）　村を省き（寸）

続を省き（玄）　倭を省き（委）　詩を省き（寺）　魔を省き（鬼）

起を著き（已）

義假字扱之法則

如是其例枚挙に暇無し

白月山《タナカミ》 萬葉 此義訓は（夕ナ）之反（夕）にて則ち手《タ》なり（カミ）上《カミ》にて手を上に為す事なり、（左）は火《ヒ》気なり（右）は水《ミ》気《キ》にて火は登りて降り、水は自ら降る事なり、故に左之火は登りて日西に降り、右之水は自ら昇りて月東に白といふ義に由りて白月山と書きて手上山と訓むなり、

一伏三向《ユフツクヨ》 同 日伏隠れて月に向ふ義に由りて夕月夜《ユフツクヨ》と訓むなり、亦た一伏《コ》三向《ロ》と訓むときは（コ）は火之凝にて則ち日なり（ロ）は水之竭りにて則ち月なり、（コロ）といふ詞は一年始りて

一年終るまで、一月始て二月終るまで一月始て一月終るまで之事にて日月両輪を指て言ふ語なり、故に日伏て月に向ふまで之義なるを以て(コロ)と訓むなり
梓弓中末、一伏三起 因 此の(タメ)と訓む事は弓射る時に矢を一度伏て三度に起すと云ふ義によりて訓むなり
潮《ミナト》、湖 萬葉 此之義訓は(ミ)は水なり(ナ)は(ナル)と活用《ハタラキ》(ト)は所なり則ち(水鳴所)と言ふ語にて水之鳴寄所は船之着ざるは無し船着之名なり、其義を以て潮之字を(水鳴所)と訓むなり
湖之字を訓む事は湖之固なは何所にても船之着る所と云ふなり、故に湖と訓むなり、常に湊之字を事に用ゆるは船は深

きやくに列あり故に深の義にありて用ふ、潮の字は水の鳴に義をなし、湖の字は波の静なるに義を為す也、冬《フユ》木《コ》成《モリ》ハ此の義訓は（コ）は木なり、（モリ）の（モ）は舫なり、成りの（ナ）は（茂《シゲム》）ことにて（ナ）と（モ）其義相通ず、故に（ナリ）を（モリ）と訓む也、冬篭とは陽気陰中に篭ることなり、故に木の葉も枯々て木立の本の見透を含て成字の（ナ）を（ナラブ）心に借りたる書方あり、常に俗書に（森）「森」と書など既に此書方あり、木森《シン》字を（モリ）と訓むことは此の文字別《ワク》りは（木林《モクリン》）なり音を脚切て森と訓むなり、杜字を（モリ）と訓む義は土は天地の気行て（キ）は則ち木なり、此の字土と木の舫たる義によりて（モリ）

と訓む總て文字を扱ふに古音は其義に依りて自在を爲す一字を二字に別《ワケ》ても訓む事あり、（智無《シルトイハナク》）等訓みたるは「知《シルト》日《イワ》無《ナク》」の義あり（馬聲《イ》）と訓みたるは嘶《イナナク》の義あり（牛鳴《モ》）と訓むは鳴聲の義あり嘷《ア》と訓みたるは鳴聲の義なり、訓むあり（泉《ア》郎《マ》）此の義訓は（イヅミ）イウミ友（ウ）にして則ち海なり（ウミ）なり海は（ア）なり此義によりて泉《ア》と訓み郎の字を（マ）と訓むは女男の唱へなり、故に夫《ワマ》婦《ツマ》といひ男を野郎《ヤロウ》といひ女を女郎といふなり、海に濱《スナドリ》する女男を總て海《ア》郎《マ》といふ義訓なり。其事に對して心なに文字を借なり

能因の歌に

世之中は かくこそへけん 象潟《キサカタ》の
水郎《アマ》乃苫家《トマヤ》を我宿にして
西行之歌に
象潟のさくらは波にうつもれて
花の上漕白水郎《アマ》之釣舟
亦麻續《ヲミノ》王《オホキミ》を傷たる歌に
打麻《ウチソ》乎《ヲ》麻續《ヲミノ》王《オホキミ》白水郎《アマ》有哉《ナレヤ》
射《イ》等《ラ》籠《コ》荷《ガ》四《シ》間《マ》乃《ノ》珠《タマ》藻《モ》苅《カリ》麻《マ》須《ス》
此之三ツ之歌其人々之心々に有て此白水郎と書れしは
(シロ)之又(ソ)にして塩あり

射等乃龍嶋《イラコガシマ》の白水《シホミヅ》に玉藻を苅るの義 仮字なり、能因の白を除て乱郎と書なれば 白を除きて象潟の塩無湖に演するの義
仮字なり、西行の白れ郎と書なれば 湖は真水にして白く
海は潮水《シホミヅ》にして蒼《アオ》し 故に白真水に演する郎の義によれり
春日 此義は 春の日は霞むものなれば（カスムの）と活用を省き
て霞日の義によりて（カスカ）と訓むなり
山志《シ》万 此の義は（ヤマ）の反（ヤ）にして（ヤ）は水火の義 女男二ツにし
義なり、故に山を（ミ）と訓なり、
日《ヒ》位《クヰ》努 此の義は日の入りは日の西に収るなり 人は位を収て活
るの義訓なり、

葦芽若末ノ事 此義は（カヒ）は芽なり、芽は若末《ワカキスエ》なれば其義によれり、葦若生《アシカビ》など書くも芽の柔生《ヤワラカニオフ》と義訓なり、

人妻姤《ユヱ》ノ事 此の義は姤《ユヱ》と訓は先故《ユヱ》と言ふ詞より先に言ふ、（ユ）は水の寛に流るをいふ（ヱ）は搦回る事にて水の淀なして渦巻心なり、是を（ユヱ《故》）と言ふなり、其水洲の上より溢て流あり、亦洲を下より潜《クグリ》て流あり洲の上より流て出るを（ア《別》カルカエヱ《故》）と言ふ（ア）を省きて是を（カ《故》ルカエヱ）と言ふ亦た洲の底を潜て出るを洲潜《スクグル》と言ふ其詞を約て（スグル）と唱ふ其（スクル）と訓は姤字を借て人妻の人目を忍て洲の底を潜るの義によりて姤《ユヱ》と訓むなり

十寸鏡ノ事 此義訓の（マ）は向ふなり、（ソ）は背なり（カガミ）とは、本

語（カゲミ）にて天地《アメツチ》の初め水に日月の影を模《ウツス》す是を（カゲミ）と言ひ水を鉢とす、故に女の霊とす、其（カゲミ）の（ケ）は（カ）に通て（カガミ）と唱ふ（マソ）鏡とは背に向て影を見る事まて姿見の鏡を言ふ、其鏡の大なるの義によりて十寸の文字を借りて十寸《マス》穂《ホノ》芒等いふは（マス）は増事なり、穂の長さによりて十寸の文字を仮字とす

向南山《キタヤマ》等　此義訓は北に在る山は南に向て日を受けるの義訓なり

意追不得《ナグサメカネ》等　此義訓は慰《なぐさむ》といふ、詞は思ふ事を（ナグサシム）と言ふ事なれば憂意を追拂不得といふ義によりて假字となり

蒼生、青人草、此之義訓は紫宸殿右近左近之陣なる桜橘之本に住る草之義なり、天徳を下して草木芽を生じ、君徳を恵みて民青草之如くに生るの義訓なり

閑《ヤマ》木伐《ミロ》 此義訓は木を伐開くは山なり、といふ義によれり

年切《タマキハル》 此義は年は（ヨハヒ）と訓、切は（セマル）と訓有て年切《ヨハヒキハル》ことを以て、魂《タマ》窮《キハル》と義訓す、義訓は総て法則を以て解釈す可し（余は従之）

言 響音、 音響之扱

行燈《アンドウ》　本語は（アカシトモシ）なるを（アカ）の反（ア）なり、（シ）音響を為して（アン）と言ひ（トモシ）の（トモ）の反（ト）なり、（シ）音響を為して（トウ）と言ふ則ち（アントウ）なり、此の燈《トモシ》動を以て行燈の文字を借なり

提灯　本語は（テトモシ）なり、（テ）言便を為して（テウ）と言ひ（トモシ）は（トモ）の反（チ）なり言便なして（チン）といひ則ち（テウチン）なり、此の火自在なるを以て提灯の文字を借るなり

俳諧《バイカイ》　此の文字は（ハカ）の二言に用有て借なり（イ）は言便にして用なし、（ハ）正火の霊にして実なり、（カ）は影の火にして虚なり、虚を以て実に導くを（ハイカイ）といふなり

桔梗《キキヤウ》《キチカウ》　和名（キキヤウ）なるを（キヤ）の反（カ）にして（カウ）なり、（チ）は音便の例なれば文字其儘に借るなり

燈《トウ》心《シン》　本語（トモシミ）なり（マ）行は（ハ）行に移て濁の例にて亦た（トモシビ）といひ則ち（トモ）の反（ト）なり、音便に唱て（トウ）といひ（シミ）の反（シ）なり音便に唱へて（シン）といふ故に燈心の文字を借也

鍛《カ》人《ジ》　本語は（カナトカシ）なり、（カナ）の反（カ）なり、（トカシ）の反（チ）にして（カヂ）といふ則ち借字なり、此外字音の如く見えて音に非ざるもの多し文字音を借て和語に合したるなり其例左の如し

受《ズ》領《レウ》　字音受《シユ》領《レウ》なるを（シユ）を反して（スレウ）と訓むなり、

出《ス》家《ケ》　字音（シユツケ）なるを（シユツ）を反して（スケ）と訓むなり、

大徳（ク）を（コ）に通して（タイトコ）と訓むなり
孔《ク》子《シ》（コウ）の反（ク）にして（クシ）と訓むなり
周《ス》公《ク》（シウ）の反（ス）なり、（コウ）の反（ク）にして（スク）と訓むなり、
孔《ク》舎《サ》街《カ》（コウ）の反（ク）なり（シヤ）の反（サ）なり、（カイ）の反（イ）は省音にて
（クサカ）と訓む、是を委くいはゞ孔舎の二字は閑仮字なり、街は佗仮
字なり、是等の文字扱ひ後世の人和語にあらずと言まゝに茲に其
惑を除くなり現今の国学者は猥りに文字音を嫌ふより年號
までも和語に唱ふる事僻言なり、唱られぬは如何、殊に漢国
の例に従し事にして字音に唱るは公の法なり、皇国にては和語に
唱しことは　天武天皇十四年

改元曰フ二朱鳥元年ト一 註曰朱鳥此曰フ二阿訶美苦利ト一 是のみ也

以テ二布《フ》斗《ト》麻《マ》邇《ニ》一ノ御霊ヲ摸詞之法則

亦 一 二 三 四 と書く

太古異邦にても文字無きとき縄を以て結び鳥之足跡を見て文字を作りしと言ふは如何なる縄を結びしにや書籍も古伝るも無ければ漢意し人と雖も知る事無し其詞を聞ひて神之御霊に摸して知る然りと雖も違乱亦た違はざる哉知らず

其ノ譯は 左りに曰ふ

縄とは（十○）なり、則ち形⊕なり、鳥の足跡とは十是にして則ち十なり、縄を結とは⊕と⊕を結び合せたる形⊛是の如し、結縄《セイ》に代《カハル》と有《レ》ば水を火に代て其形⊠是の如し、則ち大八嶋の御靈なり文字是に模具例

縄《ナ》の次、

大本教模大八嶋ら形

大本教主

出口十直《ナヲ》

王仁三郎

和訓之法則

大古和訓を附る事は御霊に撲て文字之扁畫を閲き或は文字之形によりて或は其儀に合て附たるなり、則ち左に曰ふ

木　本　末　未

是等之文字を以て謂は木は(キ)と同形なり、(キ)之下之畫を無て則ち木如是　其本之下に(、)有る之義に依りて(本)《モト》と訓むなり、其(、)を上に為る義に由りて未と訓む亦た(、)を其上下為る義によりて末と訓む、未聞未見と上に位して韻《コエ》を為すなり、

東　朝

此東と言ふ字は木と日と與たる形あり、其譯木は則ち(キ)あり、天地と(キ)を開て其間より日と現はれたる形あり、則ち(東)如是故に(ヒガシ)と訓むなり

朝と言ふ字は(キ)と明と與たる形あり、(キ)は天地と気あり、其(キ)を開て間より明にあると言ふ形(朝)如是 此義によりて(アサ)と訓むなり、

如　似　同

此と如と言ふ字は(女)は具畫(口)如是 傍を双て(如口)如是似たる形(二双)たる形義あり、依りて(コトク)と訓む、

亦た似と言ふ字は（イ）の形文《アヤ》に双て三ッ有る義によりて（ニタリ）と訓むなり

同字中の一を取りて下に加へて其形（回）如是形二ッ有る義によりて（オナシ）と訓む茲を以て委細謂ば（ニタリ）と言ふ詞は物を二ッ累て見る程の心にして各其差別をなす、称訓の意《ココロ》詳《ツマビラカ》なる事如是

筒　桐　洞　銅

此等の文字の傍は皆前の回と同義なり、是を水に代て◎如是則ち中に穴有るの形なり、此義を以て筒の字竹冠に穴有りの義にして（筒《ツツ》）と訓む　桐の字は木に穴有るの

義によりて（桐《キリ》）と訓む（氵《水》）に穴有るし義によりて洞《ホラ》と訓む
金に穴有るし義によりて銅《アカガネ》と訓む和訓す（銅は細ある穴をあけ也）
右の字は各々筒《トウ》桐《トウ》洞《ドウ》銅《ドウ》と皆以て同意なり和訓を附する
事如是文字渡りし時聞書したるには非ず、譬は茲に銭有り
價へ一銭金に代むと言ふとも其真價を正さずして誰かは代む
況や文字なればなり古音の聖者皇朝の水《イ》火《キ》に合て、数万の
文字に訓みを附たる事凡智の業にあらず未の代となりては、
只蒼頡が文字を製作したる事小學の児童も知れども文字を
共閑て和訓を附たる吾邑の聖智は百歳の翁も知らざるなり
如是の事は現今の世とありては無用の説成れども只、神恵のし

名道は天より見るが如く成る事を、言のみ行れる代となりては眼に見活用にのみ心移りて神道に究理を保有る事をいふ人なし、既に徂徠といふ人日本に道無きが如くにいふ皇国に生れて水火を神明より稟けながら己が詞を踈の故なり儒学者なる哉此人等吾人と時を同ふせざれば論ずるに詮なし

菊紋作二十六重一之氣《いき》

與ニ○《イ》□《キ》一形　表ニ花形圖　菊字　表花形圖

〔キク〕とは〔キ〕は氣《き》なり、〔ク〕は與《クム》事にて天地の氣《イキ》を與《クム》の名なり、故に大八嶋の出《イキ》と入る《イキ》とを與みて十六なり、茲を以て十六重に作る全く花の数の事には非ず、菊は只靈合の名にして自然と菊の形を表なり、十六は天地の水火《イキ》を與むの数た

して昇るは出る⊛《イキ》にて降るは入る⊠《イキ》なり、日月出入を為して天地定まり、陰《イ》陽《キ》出入を成して、万物生れ、⊛《イキ》⊠《イキ》御紋章に顕現はれて、蒼生是れが為めに生《リ》育《ダツ》す、八隅知之我大君などいふも⊛《イキ》の八別の自然の詞なり、右の図を見て知る可し

菊の字は入《る》聲なり、此の文字の上の画の（廿）は（キ）の横の形なり、（キ）は則ち草の霊なり、故に（廿）は（艸）に同す、亦た下の画は大八嶋の⊠《イキ》にして、⊠《イキ》を其み（廿）《クサ》と言ふ形の文字なり、其文字の形亦た花の形を表す、右の図を見て知るべし、

字音仮字の扱

（紛れ易き仮字のみ記して紛れなきは記さず）

文字に仮字を附ことは反切を本とす 其反ゝ音は総て文字頭ゝ音を牽ぶり、是を文字音ゝ靈といふ 其靈ゝ下に(ンツウイクキフムチ井ヤウヨウ)ゝ音を助て呼故に是等ゝ音は省音《ハブケヲン》也、 皇國は呉音漢音を専に用ゆ、皇國は仮字在て(イイ)(ウウ)(エエ)(オオ)等ゝ差別在り、漢國には仮字なければ(于《ウ》烏《ウ》於《オ》以《イ》延《エ》)ゝ一字を二音に用ひて(アヤワ)三行に合すに其ゝ差別詳に知る事難し、差別無きには非ず 仮字なきゝ故なり

(皇國は仮字を以て差別を成し 漢國は音を以て差別を分ゝ故也)

アウ　オウ　差別

アウ　鴦《む》 烏《ウ》切　郎《ラウ》
(ウラ)ノ反(ア)にして(アウ)あり

其例

鸚《玉》(於《オ》耕《カウ》)反　泱《玉》(於《オ》黨《トウ》)反　鶯《玉》(於《オ》耕《カウ》)反

オウ　謳《字》(烏《ウ》侯《コウ》)切
(ウコウ)ノ反(オ)にして(オウ)あり

其例

歐《字》(烏侯)反　甌《字》(烏侯)反　嘔《字》(烏侯)反

カウ　コウ　クワウ　差別

反切ノ文字ト仮字を知るには其文字を亦反て可求

カウ　高《字》(姑《コ》勞《ラウ》)切
(コラ)ノ反(カ)にして(カウ)あり

其例

孝《玉》(呼《コ》效《カウ》)反　暠《字》(古《コ》老《ラウ》)反　講《玉》(胡《コ》頂《カウ》)反　豪《玉》(户《コ》切《トウ》)反

誥《玉》(胡《コ》到《タウ》)反　港《玉》(古《コ》項《カウ》)反　詨《玉》(許《キヨ》教《カウ》)反　孔《字》(胡《コ》頂《カウ》)反

コウ

紅 玉 (胡《コ》公《コウ》切) (ココ)ミ反し(コ)にして(コウ)あり 其例

江 字 (胡《コ》紅《コウ》)反 鴻 字 (胡《コ》公《コウ》)反 洪 玉 (胡《コ》江《コウ》)反

クワウ

此ミ韻は反切よ(黄 廣 光 晃)等ミ文字在れば(クワウ)ミ仮字を附ミ法則あり、其例

光 (姑《コ》廣《クワウ》切) (コク)ミ約り(ク)にして(クワウ)あり

晃 玉 (乎《コ》廣《クワウ》)反 惶 玉 (胡《コ》光《クワウ》)反 黄 玉 (胡《コ》光《クワウ》)反 皇 (胡《コ》光《クワウ》)反

廣 玉 (古《コ》晃《クワウ》)反 荒 玉 (呼《コ》光《クワウ》)反 横 字 (胡《コ》盲《マウ》)反 (カウ)あれども傍に黄在るを以て(クワウ)あり

晄 玉 (呼《コ》廣《クワウ》)反

キヤウ **キヨウ** **ケウ** 差別

キヤウ

薑 字 (居《キヨ》良《リヤウ》) (キヨリ)ミ反(キ)にして(キヤウ)あり

彊玉（臣《キヨ》章《シヤウ》）《キヤウ》反　郷玉（許《キヨ》良《リヤウ》）《キヤウ》反　饗玉（許《キヨ》掌《シヤウ》）《キヤウ》反　強玉（巨《キヨ》章《シヤウ》）《キヤウ》反

仰玉（真《キヨ》掌《シヤウ》）《キヤウ》反　姜玉（古《コ》羊《ヤウ》）《キヤウ》反　興字（虚《キヨ》陵《リヤウ》）《キヤウ》反

キヨウ

杏（胡切挟）　（コキ）ノ反シ（キ）にして（キヨウ）あり　其例

恭字（居《キヨ》庸《ヨウ》）《キヨウ》反　拱玉（居《キヨ》冢《チヨウ》）《キヨウ》反　恐玉（去《キヨ》拱《キヨウ》）《キヤウ》反

~~キ~~ケウ

橋玉（巨《キヨ》切嬌《ケウ》）　（キヨケ）約（ケ）にて（ケウ）あり　其例

嬌玉（居《キヨ》揺《エウ》）《ケウ》反　梟玉（古《コ》幺《エウ》）《ケウ》反　喬玉（嬌《キヨ》巨《ケウ》）《ケウ》反　曉字（馨《ケイ》鳥《テウ》）《ケウ》反

堯玉（五《ゴ》彫《テウ》）《ケウ》反　矯玉（几《キ》兆《テウ》）《ケウ》反　徼（古《コ》幺《エウ》）《ケウ》反　驕（几《キ》妖《エウ》）《ケウ》反

サウ　ソウ　差別

サウ

草字（倉《サウ》切郎《ラウ》）　（サウラ）ノ反（サ）にして（サウ）あり　其例

雙玉（師《シ》荘《サウ》）《サウ》反　早字（子《シ》藁《カウ》）《サウ》反　造玉（徂《ソ》皓《カウ》）《サウ》反　增字（咨《シ》皓《カウ》）《サウ》反

爪[玉]（壯《サウ》《サ》巧《カウ》《ウ》）反　總[玉]（作《サツ》《サ》孔《カウ》《ウ》）反　窻[玉]（雙《シヨ》《サ》初《サウ》《ウ》）反　箱（思《シイ》《サ》羊《ヨウ》《ウ》）反

ソウ

層[玉]（自《シ》《サ》登《トウ》《ウ》）反　（シトウ）ノ反（ソ）にして（ソウ）あり　其例

綜[玉]（子《シ》《ソ》宋《ソウ》《ウ》）反　宗[玉]（祖《ソ》《ソ》冬《トウ》《ウ》）反　送[玉]（蘇《ソ》《ソ》貢《コウ》《ウ》）反　崇[玉]（士《シ》《ソ》隆《リウ》《ウ》）反

走[玉]（子《シ》《ソ》候《コウ》《ウ》）反　橧（悉《シツ》《ソ》畱《リウ》《ウ》）反　憎（子《シ》《ソ》登《トウ》《ウ》）反　贈（在《サイ》《ソ》鄧《トウ》《ウ》）反

シヤウ　ショウ　セウ　差別

シヤウ

昇[玉]（式陵 切）　（シキリ）ノ反（シ）にして（シヤウ）あり　其例

勝[字]（舒《ジヨ》《シ》陵《リヤウ》《ヤウ》）反　傷[玉]（舒《ジヨ》《シ》揚《リヤウ》《ヤウ》）反　將[玉]（子《シイ》《シ》羊《ヤウ》《ヤウ》）反　裝（阻《ソ》《シ》良《リヤウ》《ヤウ》）反

ショウノ分

松[字]（思《シ》《シ》恭《キヨウ》《ヨウ》）反　腫[玉]（之《シイ》《シ》勇《ヨウ》《ヨウ》）反　憧[玉]（昌《シヨウ》《シ》容《イヨウ》《ヨウ》）反

章[玉]（諸《シヨ》《シ》羊《イヤウ》《ヤウ》）反　上[玉]（時《ジ》《シ》亮《リヤウ》《ヤウ》）反　霜（所《シヨ》《シ》張《チヤウ》《ヤウ》）反　嘗[字]（市《シ》揚《ヤウ》）反

ショウ

鍾[玉]（之《シイ》容《ヨウ》 切）　（シイ）ノ反（シ）にして（シヨウ）あり　其例

證[王]（諸《シヨ》孕《イヨウ》）反　種[王]（之《シ》勇《イヨウ》）反　誦[王]（沮《ソ》用《イヨウ》）反　穠[王]（而《シ》容《イヨウ》）反

セウ　蕭[王]（先《セン》幺《エウ》）切　反　（センエ）ニ反（セ）にして（セウ）あり　其例

接（子《シ》遙《エウ》）反　熽[王]（先《セン》彫《テウ》）反　照[王]（之《シ》曜《エウ》）反　小（思《シ》梢《セウ》）反

少（尸《シ》沼《セウ》）反　燒[王]（尸《シ》遙《エウ》）反　蕉（子《シ》宵《ヤウ》）反

タウ　トウ　差別

タウ　當[王]（都《ト》郎《ラウ》）切　（トラ）ニ反（タ）にして（タウ）あり　其例

堂[字]（徒《ト》郎《ラウ》）反　刀[王]（都《ト》高《カウ》）反　島[字]（多 老）反　道[王]（徒 郎）反

湯[王]（徒《ト》郎《ラウ》）反　到[王]（都 導）反　糖[王]（徒 郎）反　唐（達《タツ》當《タウ》）反

トウ　冬（德《トク》紅《コウ》）切　（トクコ）ニ反（ト）にして（トウ）あり　其例

桐（徒《ト》紅《コウ》）反　藤[字]（徒《ト》登《トウ》）反　桶[王]（宅《タク》董《ドウ》）反　棟[王]（都《ト》貢《コウ》）反

燈 玉（都《ト》騰《トウ》）反　童 玉（徒《ト》紅《コウ》）反　銅 字（徒《ト》紅《コウ》）反　東（徳《トク》侯《コウ》）反

チヤウ

チヤウ

テウ

差別

チヤウ

長（仲《チウ》良《リヤウ》）切　（チウリ）ミ反（チ）にして　（チヤウ）ふり

張 玉（陟《チヨ》良《リヤウ》）反　澄 玉（陟《チヨ》陵《リヤウ》）反　腸 玉（直《チヨク》良《リヤウ》）反　徴（陟陵）反

悵 玉（知《チリ》亮《ヤウ》）反　丈（除《チヨ》兩《リヤウ》）反

チヨウ

塚（知《チリ》隴《ヨウ》）切　（チリ）ミ反（チ）にして　（チヨウ）ふり

重 玉（直《チヨク》冢《イヤウ》）反　濃 玉（女《シヨ》容《イヤウ》）反　寵 玉（丑《チウ》冢《チヨウ》）反　醲（女《シヨ》容《イヨウ》）反

種 玉（除《シヨ》蒸《キヨウ》）反　冢（知《チリ》隴《ヨウ》）反　湪（知《チリ》隴《ヨウ》）反

テウ

調（田《デン》聊《レウ》）切　（テンレ）ミ反（テ）にして　（テウ）ふり

潮 玉（池《チ》遙《エウ》）反　朝（知《チ》驕《チウ》）反　晁（除《チヨ》驕《キヤウ》）反　鳥（丁《テイ》了《レウ》）反

彫《玉》（東《トウ》嶢《ケウ》）《テウ》反　凋《玉》（丁《テイ》聊《レウ》）《テウ》反

ナウ　ノウ　差別

ナウ　囊《字》（奴《ヌ》當《タウ》）切　（ヌタ）、反（ナ）にして（ナウ）なり

燴《玉》（奴《ヌ》皓《カウ》）《ナウ》反　惱（乃《ナ》老《ラウ》）《ナウ》反

ノウ　濃《字》（奴登）切　（ヌト）、反（ノ）にして（ノウ）なり

農（奴《ヌ》冬《トウ》）《ノウ》反　能（奴《ヌ》登《トウ》）《ノウ》反

ハウ　ホウ　差別

ハウ　方（敷《フ》房《ハウ》）切　（フハ）ノ反（ハ）にして（ハウ）なり

袍《字》（蒲《ホ》交《カウ》）《ハウ》反　滂《字》（普《フ》郎《ラウ》）《ハウ》反　褓《玉》（布《フ》老《ラウ》）《ハウ》反　訪《玉》（孚《フ》望《ハウ》）反

包《字》（布《フ》交《カウ》）《ハウ》反　坊《玉》（枝方）《ハウ》反　寶《玉》（甫《ホ》道《タウ》）《ハウ》反

ホウ

峯字（敷容切）（フヨ）ノ反（ホ）にして（ホウ）あり

逢玉（蒲《ホ》紅《コウ》）反　鋒玉（孚《フ》逢《ホウ》）反　楓玉（甫《ホ》紅《コウ》）反　鳳（憑《ヒヤウ》貢《コウ》）反

葑字（補《ホ》耕《ウ》）反　豐字（方《ハウ》中《チウ》ブ通音）反　封字（方中同上）反　奉字（憑《ホ》貢《ウ》）反

マウ　**モウ**　差別

此ノ（マ）行は潤水ノ霊にして露を峯ノ水あり故に空脉にして一巳に音を成す事難し因て（ハ）行に移て濁音を現はす故に（マウ）ノ音在り文字には必ず（ハウ）ノ音あり（モウ）ノ音あり文字には必ず（ホウ）ノ音あり　総て（マミムメモ）は（ハヒフヘホ）に倣て音をなす事は天ノ巻ノ法則に謂ふ如し、五十連ノ法則は天地ノ水火にして和漢ノ隔を言はず故に文字音と為も同

一ふり其例左之如し

瞀《バウ》《マウ》眊萌乇肓矒泯椙萬《バン》《マン》曼槾嗎

弭《ビ》《ミ》彌《ビ》微縻味湄蘪獮隶泯《ビン》《ミン》珉泌《ビツ》《ミツ》滵

無《ゴ》《ム》敬

麻《ベ》《メ》榠殊明沫滅《ベツ》《メツ》眄眠《ベン》梗櫋眇《ベウ》《メウ》鈔《ベウ》

蒙《ボウ》《モウ》冡戊毋沐《ボク》《モク》敉木楘沕《ボツ》《モツ》歿毋《ボ》《モ》枹模橅（余ハ従之）

ヒヤウ

ヒヨウ

ヘウ

差別

ヒヤウ

冰（筆凌）（ヒツリ）之反（ヒ）にして（ヒヤウ）ふり

凴　皮冰反《ヒヤウ》　皮證反《ヒヤウ》

ヒヨウ

㵾（皮證切）（ヒレ）之反（ヒ）にして（ヒヤウ）ふり

夆（扶《ヒ》恭《ヨウ》）反

【ヘウ】
廟[玉]（靡《ヒ》召《セウ》切）・（ヒセ）ゝ反（ヘ）にして（ヘウ）あり

瓢[玉]（婢《ヒ》遙《エウ》）《ヘウ》反　表（碑《ヒ》嬌《ケウ》）《ヘウ》反　俵（彼《ヒ》廟《ベウ》）《ヘウ》反

【イヤウ】【イヨウ】【エウ】差別

【イヤウ】
陽[字]（移《イ》章《シヤウ》切）（イシ）ゝ反（イ）にして（イヤウ）あり

洋[玉]（以《イ》涼《リヤウ》）《イヤウ》反　怏[玉]（於《オ》良《リヤウ》）《イヤウ》反　養[玉]（余《ヨ》章《シヤウ》）《イヤウ》反　易[玉]（余《ヨ》章《シヤウ》）《イヤウ》反

瀁[玉]（余《ヨ》兩《リヤウ》）《イヤウ》反
此ゝ仮字は一字陽と在る時は（イヤウ）と附す、
陰陽と語ゝ下に在る時は（イ）は親音故省て（ヰンヤウ）と可附者なり

【イヨウ】
雍（於《オ》勇《ヨウ》切）（オイ）ゝ反（イ）にして（イヨウ）あり

蓉[玉]（俞《イ》鍾《シヨウ》）《イヨウ》反　踊[玉]（俞《イ》塚《チヨウ》）《イヨウ》反　勇[玉]《ユウ》（俞《イ》種《シヨウ》）《イヨウ》反　用（余《ヨ》頌《シヨウ》）《イヨウ》反

瑢（余《ヨ》恭《キヨウ》）《イヨウ》反（此〻仮字一字用ゐる事在る時に（イヨウ）と附す 語〻下に在る時は（イ）を省て（ヨウ）と附す 余は従之）

【エウ】　揺〈字〉（餘《ヨ》招《セウ》切）（ヨセ）〻反（エ）にして（エウ）なり

瑶〈玉〉（余《ヨ》招《セウ》）《エウ》反　窈〈玉〉（於《オ》鳥《エウ》）《エウ》反　要（伊《イ》姚《テウ》）《エウ》反

【入聲】　此〻入聲は總て引音は一なり

押《アフ》鴨納《ナフ》帖《テフ》蝶疊十《シフ》什汁入《ニフ》習《レフ》集、及《キフ》

【ラウ】【ロウ】　差別

【ラウ】　浪〈字〉（魯《ロ》堂《タウ》切）（ロタ）〻反（ラ）にして（ラウ）なり

老〈玉〉（力《リヨク》道《タウ》）《ラウ》反　勞〈玉〉（力《リヨク》刀《タウ》）《ラウ》反　窂〈玉〉（来《ライ》刀《タウ》）《ラウ》反　醪（力《リヨク》刀《タウ》）《ラウ》反

璙〈玉〉（力《リヨク》高《タウ》）《ラウ》反

【ロウ】　樓〈字〉（盧侯）（ロコ）〻反（ロ）にして（ロウ）なり

籠《王》（力《リヨク》公《コウ》）《ロウ》反　朧《王》（力《リヨク》董《トウ》）《ラウ》反

リヤウ　リヨウ　レウ　差別

リヤウ

両《王》（力《リキ》掌《シヤウ》）切反　（リキシ）ゝ反（リ）にして（リヤウ）あり

涼（力《リキ》張《チヤウ》）《リヤウ》反　陵《王》（力《リキ》升《シヨウ》）《リヤウ》反　量《王》（力《リキ》彊《キヤウ》）《リヤウ》反

リヨウ

龍《王》（力《リキ》恭《キヨウ》）切　（リキキ）ゝ反（リ）にして（リヨウ）あり

隴《王》（力《リキ》冢《チヨウ》）《リヨウ》反

レウ

寮《王》（力《リキ》彫《テウ》）切　（リキテ）ゝ反（レ）にして（レウ）あり

了《王》（力《リキ》鳥《テウ》）《レウ》反　寥《王》（力彫）反　撩（力條《ゼウ》）《レウ》反

リウ

隆《字》（良《リヤウ》中《チウ》）　（リヤウチ）ゝ反（リ）にして（リウ）あり

柳《字》（力《リキ》九《キウ》）《リウ》反　榴（力《リキ》周《シウ》）《リウ》反　流《字》（力《リキ》求《キウ》）《リウ》反

ワウ　ヲウ　差別

王(于《ヲ》方《ハウ》)切　(ヲハ)ゝ反(ワ)にして(ヲウ)あり

往(禹《ウ》於《ハウ》)反　枉(紆《ウ》往《ワウ》)反

ヲウ　翁(烏《ヲ》紅《コウ》)切　(ヲコ)ゝ反(ヲ)にして(ヲウ)あり

蓊(烏《ヲ》紅《コウ》)反　偪(烏紅)反

イウ　ユウ　差別

此ゝ(イユ)ゝ二言は(イ)重る時は(ユ)と云ひ故に一字に(イユ)ゝ両音在也

有(云《ウン》九《キウ》)切　(ウムき)ゝ反(イ)にして(イウ)あり

イウ　エウ

憂(於《オ》尤《イウ》)反　由(于《ウ》求《キウ》)反　遊(余《ヨ》周《シウ》)反　熊(于《ウ》弓《キウ》)反

右(于求)反　油(于求)反　悠(弋《ヨク》周《シウ》)反　融(余周)反

イ　井　イン　井ン　差別

イ

以（羊里切　音夷）　已（羊里切　音以）　夷（延知切　音遺）

易（以知切　音異）　異（以知切　音移）　醫（於宜切　音衣）　依（於宜切　音衣）

井

爲（于規切　音違）　葦（烏鬼切　音韙）　偉（烏鬼切　音韙）

圍（于規切　音爲）　位（于貴切　音謂）　渭（于貴切　音位）　違（于咸切　音爲）

イン

因（伊眞切　音殷）　飲（於錦切　音イン）　婬（余針切　音イン）

音（於今切　イン）　引（余忍切　イン）

井ン

陰（於禽切　音音）　院（王眷切　音エン　通音井ン）

韻（烏鎮切　井ン　通音イン）　員（于權切　音エン　表也　通音イン）

エン　ヱン　通音

エン ヱン　煙《ヱン》(於賢切)　塩《エン》(余廉切)　焔《エン》(以贍切)

淡《ヱン》(于廉切)　遠(于阮切)　圓(爲拳切)　燕《ヱン》(於見切)　筵《エン》(余旃切)　宴(於甸切)

縁《エン》(余泉切)　咽《エン》(因肩切)　園(于元切)

ケイ　セイ　テイ　ヘイ　メイ　差別

此ゝ五ゝ音在る文字は交て其霊ゝ音より(ヤウ)と引音を附格なり

經(ケイ)ゝ交(キ)なり(ヤウ)と開て(キヤウ)と附ゝ法則なり

瓊《ケイ》憼星《セイ》正清成晶聲掟《テイ》丁貞平《ヘイ》兵評病屏甁

明《メイ》名命鳴冥(余從之)

上に(ン)ゝ音在て下に(ア)行(ワ)行ゝ音ゝ續く時は十行に移て

仮字を附格なり、其譯は(ン)と聲を閉ゝ音なり十行は五十連の

華を窄閉もしは中に凝ゝ義なり
善悪《ゼンアク》《ゼンナク》　観音《クワンヲン》《クワンノン》　天皇《テンクワウ》《テンノウ》　親王《シンワウ》《シンノウ》　元和《ゲンワ》《ゲンナ》　天和《テンワ》《テンナ》　林和《リンワ》《リンナ》
晴《セイ》《セイ》　(余従之)
文字音ゝ仮字ゝ法則は総て如此今ゝ世に行はるゝ玉篇及ひ諸書
を見るに其仮字乱れて見るに忍ひす皆漢国に心を奪れて皇国ゝ
学に疎ゝ故なり悲の哉
五十連十行を更に天火水地(結)に配して各自主宰ゝ言霊を示す
(アカサタナハマヤラワ)ゝ一段ゝ音は(天)ゝ位なり
(イキシチニヒミイリ井)ゝ二段ゝ音は(火)ゝ位なり
(ウクスツヌフムユルウ)ゝ三段ゝ音は(結)ゝ位なり

(エケセテ子ヘメエレヱ)の四段音は(水)の位なり
(オコソトノホモヨロヲ)の五段の音は(地)の位なり

其例

(ア)は天也、(カ)は上也、高也、陽の日昇也、(サ)は放也、(タ)は霊也、縦也、正也、(ナ)は正中の霊也、(ハ)は髪也、(マ)は圓也、(ヤ)は文也、屋根也、(ラ)は循環運行也、(ワ)は國也、〇也、
以上は(天)の言霊在つて君位なり
(イ)は生也、火也、出息也、(キ)は影火也、生也、正中也、(シ)は死にして火也、(チ)は一也、胎内の火也、血也、(ニ)は日月也、(ヒ)は日也、(ミ)は蒸也、(イ)は温也、命也、(リ)は峻也、人也、(ヰ)は火水

之興也

以上は（火）之言霊に在て大臣之位也

（ウ）は産也、（ク）は時也、（ス）は統也、一也、住也、（ツ）は約也、續也、（ヌ）は緯也、縫也、（フ）は力也、火水之兩を宰也、（ム）は結也、睦也、（ユ）は結也、湯也、（ル）は定也、止也、（ウ）は渦巻水也、

以上は（結）之言霊在て神に位する也

（エ）は天地之胞衣也、（ケ）は草木也、（セ）は瀬也、（テ）は右左也、（子）は母之靈也、（ヘ）は邉也、舳也、（メ）は潤水也、女也、（エ）は溜水也、夜之胞衣也、（レ）は涎也、啞也、（ヱ）は胞衣也、回水也、

以上は（水）之言霊にして小臣に位する也

（オ）は黄也、（コ）は處也、（ソ）は底也、所也、（ト）は所也、止也、（ノ）は

野也、農也、(ホ)は袋也、隠門也、(モ)は塲也、良也、(ヨ)は四方也、
由也、(ロ)は塲也、(ヲ)は賎也、居也、
以上は(地)の言霊にして民に位する也

圖解

天火結水地
アイウエオ
カキクケコ
サシスセソ
タチツテト

ナニヌ子ノ
ハヒフヘホ
マミムメモ
ヤイユエヨ
ラリルレロ
ワ井ウヱヲ
君奞神臣民

以上は大本教言靈學研究上の便宜より現今世に行はるゝ五十音の圖に由りて配置せし者にして、大石凝氏一派の大日本言靈學とは解釋を稍異にせり要するに大本教の唱道する言靈學は水火《いき》を基として宇宙之真象を考覈する者にて所謂言霊學之(躰)あり大日本言霊學は天津金木を天津菅曽以て運用し五十音及濁音次清音を合せて七十五音として解釋を下す者なれば所謂言霊學之(躰)に対して(用)之位置に在る者也

大日本言霊学之說く所左之如し

大日本国語之組織

天之機

カコクケキ

ガゴグゲギ

ダドヅデヂ

歯之音

火之機

タトツテチ

ラロルレリ

ナノヌ子ニ

舌之音

結之機

ハホフヘヒ

サソスセシ

ザゾズゼジ

口之音

水之機

マ	バ	パ
モ	ボ	ポ
ム	ブ	プ
メ	ベ	ペ
ミ	ビ	ピ

唇之音

地之機

ア	ワ	ヤ
オ	ヲ	ヨ
ウ	ウ	ユ
エ	ヱ	エ
イ	井	イ

喉之音

本表一段〻（カガダタラナハサザパバマヤワア）〻
十五音は喉〻韻也
五段〻（コゴドトロノホソゾポボモヨヲオ）〻
十五音、は脣〻韻也
三段〻（クグヅツルヌフスズプブムユウウ）〻
十五音は口〻韻也
四段〻（ケゲデテレ子ヘセゼペベメエヱエ）〻
十五音は舌〻韻也
二段〻（キギヂチリニヒシジピビミイヰイ）〻
十五音は歯〻韻也

大本教言靈學火之巻終り

大正七年十一月十八日寫す

清泉雄満

解説——出口王仁三郎と秘教言霊学

大宮司朗

はじめに

本書は、古神道系諸宗教の母体となった大本教団において聖師と尊称され、救世神瑞《みづ》の霊を体現するとされている出口王仁三郎の言霊学に関する初期の著述『大本（教）言霊学』（以下『大本言霊学』と表記する）の内の「天」と「火」の二巻を復刻したものである。本来は天津金木《あまつかなぎ》の仕組みになぞらえ、天火水地の四巻（もしくは「結」を含む五巻か）をもって構成され、「天」「火」の二巻をもって大本言霊学を、「水」「地」の二巻をもって大日本言霊学を略解していたものと思われる。王仁三郎はこの四巻をもって長いあいだ玄霧の中に封印せられていた言霊学の秘義を初めて世に公開したのであるが、残念ながら大日本言霊学に相当たる二巻原本は未見である。

大本言霊学は、江戸時代の人杉庵山口志道《しどう》の『水穂伝《みずほのつたえ》』をもとにして大本的解釈を施したもので、同様に大日本言霊学は中村孝道の所説もしくはそれを敷衍して三大皇学（言霊学、天津金木学、天津菅曾学）へと発展せしめた大石凝真素美の所説を土台として説述せられていた。つまり王仁三郎は、先行する秘教的言霊学の二つの流れを継承しつつ、その再編統合を目指したのであった。ちなみに『神霊界』（大正八年九月十五日号）に聖師王仁三郎は次のように記している。

> 杉庵思軒の『水穂伝』に現れた言霊学は、火水の体を説き、中村孝道の真寸美鏡は、火水の用を説いたもので在りますから、『水穂伝』の所説を大本言霊学と称し、真寸美鏡の所説を日本言霊学と称して、私は体用両面に区別しました。併し私が永年研究の結果、双方共実地に就て、応用するに当り、余程不備の点を感じましたから、二十余年間、学理の如何に関せず、実用に適する説を採つて来たのであります。大本の言霊閣に安置する天津金木は大石凝翁一派の運用法とは、余程変わった点があります。如何となれば、人間の説を根拠として立てた教理と、神界直授の真理とは、凡ての点に於て、深遠浅近の区別があるからであります。

ともあれ本書は大本教学において重要な位置を占める言霊学に対する『水穂伝』の影響を知る上で重要な資料であると考えられるし、かつまた、一声の下に天地を揺るがし、一言の下に風雨雷電を駆使するような神業を会得していたと伝えられている神人王仁三郎の行った奇跡の秘密も「見えぬものも見ずに知り、聞こえぬ事も聞こえずに知り、薫るものは嗅がずに薫と知る」体の人ならば、必ず本書の中に見出せることと思う。

さて本解説では、まず王仁三郎の言霊学の研鑽と王仁三郎をめぐる大本言霊伝説ともいうべき中村孝道との関係を述べ、もって中村孝道についてはその履歴について言及し、さらに本復刻書『大本言霊学』天火二巻の基となった『水穂伝』を著した山口志道のこと、志道の言霊学を援用説明しつつ言霊学とは何か、また大本言霊学の中枢をなす布斗麻邇御霊《ふとまにのみたま》の玄意を探る手掛りとしての「稲荷古伝《いなりこでん》の図」について説明したいと思う。

出口王仁三郎の言霊学研鑽

王仁三郎が何時頃から言霊学を学ぶようになったかについては、王仁三郎自身「故郷乃弐拾八年」（大正九年十二月二十六日）で、明治十年の秋、王仁三郎が七歳の時父・吉松に連れられ、船岡の産土の祭礼に参詣するついでに漆差しの家に立ち寄り、無病息災のために王仁三郎の腹部に漆を差したために、身体一面「瘡だらけ」となった。ために学齢となっても小学校へ行くことができず、それを祖母の宇能《うの》子が心配して、平仮名から五十音、単語篇に百人一首、小学読本という具合に教育をほどこしてくれたという。この祖母は有名なる言霊学者・中村孝道の家に生まれたために言霊学の造詣が深かった。王仁三郎は十歳頃からおりおりに祖母の口から「言霊の妙用を説明されたので、何時とは無く言霊の研究に趣味を持つ如うに成り、山野に征つて傍に人の居らぬのを考えて、力一杯の声を出してアオウエイと高唱して居つたのである」という。王仁三郎は「今日言霊の神法を活用して天地に感応する様に成つたのも、全く幼時よりの修煉の結果で、又神明の御加護と祖母の熱烈なる教育の賜である」と述懐している。

これによると王仁三郎は明治十三年、十歳頃から言霊学に親しんだということになり、それは祖母であるところの宇能のてほどきによるものであったこととなる。こうした王仁三郎の述懐は大本内部で一種の伝説を形成して定着したとみられる。

しかし、王仁三郎の言霊学そのものの一端が活字として公表されるのは、『敷嶋新報』三十六号（大正五年七月二十一日号）の「日本言霊学概要」が最初であろう。本論は、山口志道の『水穂伝』を基礎としつつも大石凝真素美の成果を加味しつつ自らの工夫をも凝らしている。王仁三郎が大石凝真素美と会ったのは明治三十五年のことであるというから、その言霊学の影響をその間に受けたことは考えられるが、それ以前については誰かについて言霊学を研鑽した形跡はなく、独学に近いものではなかったろうか。しかし山口志道の『水穂伝』については天保五年十一月に板行された版本であり比較的流布しており、しかも京都で出たものでもあり、王仁三郎がこの書を手にして独自の工夫を凝らすことはあったであろう。事実王仁三郎が「杉庵思軒は信州の皆神山から方々を廻って、比沼真奈井の神官になつた人である」（昭和十八年）と誤ったことをいっているように、山口志道からの影響は書物の上からのものであろう。王仁三郎は『神霊界』大正八年九月十五日号の中で「（山口志道の『水穂伝』と中村孝道の真寸美鏡に関して）二十余年間、学理の如何に関せず、実用に適する説を採つて来た」と述べており、大正八年より二十余年前とすれば、明治三十年代には王仁三郎は山口志道の学説と中村孝道の学説との両学統を認知していたものと考えられよう。そしてこの二十余年間の研鑽を経て、今回復刻の『大本言霊学　天之巻』『同　火之巻』といった講義録に結実したといえる。またそれは、

「日本言霊学概要」（大正五年七月『敷嶋新報』）
「言霊の大要」（大正七年二月『神霊界』、以下同）〜「言霊学（五）」（大正七年六月）
「言霊学釈歌」（大正七年七月）
「皇典釈義」（大正七年八月）
「言霊学より見たる鳥」（大正八年九月）
「言霊釈歌」（大正九年五月）
「古事記言霊解」（大正九年九月）

といった論稿となった。

こうした言霊学研鑽の一つの具象化が言霊閣《ことだまかく》（のち黄金閣）の建設であった。言霊の神威発揚の場として秘教的言霊学のシンボルとして金龍海の辺に、大正七年十月下旬に基礎工事を開始し、翌八年四月三日には地鎮祭を執行し、七月十日には上棟祭が行われた。王仁三郎は『神霊界』大正八年十一月十五日号の中で、「いよいよ言霊閣の落成と共に、神軍の活動は益々激烈の度を加へて来た。神の生宮たる大本の信者は、神軍の活動に後れないやう言霊戦の大活動を始めねば成らぬ場合である。其為《そのため》か、神意の発顕か知ね共、綾部町に於ける大本言霊戦の武者振りは、古今その類例を見ざる大奮闘である」と述べている。盛んに言霊の実習が行われたことが窺われるが、「日本中国を言向和《ことむけや》はす可《べ》く」世継王山、伊吹山、大台ケ原等の全国各地の山野に組織された言霊踏査隊が派遣されるようにもなったのである。言霊閣は、こうした言霊戦の展開とあいまってその象徴として、大正八年十一月四日に落成をみるのである。

綾部金龍海の辺に建つ言霊閣（上）
言霊閣に備えられた七十五声を象徴する鈴（左上）と天津金木と天津菅曽（左下）

言霊閣は桧を用材とし、三層をなす方形造の高楼で、頂上には金色の瓢を載せていた。高さは六十七尺に及び、第一層、二層は各五間四方、三十二畳が四室にわけられ、第三層は方三間半で十二畳敷一室をもってなり、ここに天津金木が安置され、天井にはますみの鏡を表象する七十五の鈴が吊られていた。

　また、「ア」の言霊すなわち国常立神言の顕現する霊域に開掘された金龍海には、宇宙に鳴り響く言霊の象である神秘の「水茎文字」の波紋が映し出されるとされ、五大父音の象徴として五大洲と称される島が造形された。この奇霊の金龍海とその辺《ほとり》に建つ言霊閣のたたずまいは、まさに綾部大本神苑中の偉観であった。それは言霊の空間化であり、秘教的神道ルネサンスとしての大本運動を象徴するものであった。

　このように山口志道の体系と中村孝道（ないしはより秘教化された大石凝真素美の大日本言霊学）の体系を統合再編した大本流の言霊学は、視覚化・集団行法化をともなって拡大され、本田親徳流の鎮魂帰神学とともに大正期の大本躍進の原動力となるのである。

　ちなみに当時の大本では、旧暦元旦には言霊閣において六合拝が行われ、王仁三郎みずから七十五声の鈴をならし、天津金木を運用したという。ちなみにその運用は王仁三郎独自のもので、大石凝真素美あるいは水谷清における運用法とはまた異なるものであったと伝えられるが、詳細は不明である。

祖母・宇能と中村孝道に関する大本伝説

前節で触れた、王仁三郎の祖母・宇能と言霊学者・中村孝道との関係についてはいくつかの説があり、実際のところは判然としない。まず『大本七十年史』上巻（昭和三十九年）には次のようにある。

祖母の宇能は中村孝道（船井郡八木ノ島—現在の八木と吉富との中間—に居住していた言霊学者で『日本言霊学』の著者）の家に生まれ、田舎ではまれにみる教養人であった。喜三郎は、この祖母に訓育された。

　これによると中村孝道は京都府船井郡八木ノ島に居住した人物で、『日本言霊学』の著者であり、宇能はこの家に生まれたということになる。これでは中村孝道と宇能との関係ははなはだ曖昧であるが、この「孝道の家」に生まれたとの説は昭和六年刊の岩田久太郎『大本略史』にもみえる。ただし同書では居住地は京都となっている。この『大本略史』は王仁三郎が存命中の成立であるから、いちおうその承認を経た説と推認される。王仁三郎自身は、祖母と中村孝道の関係については、次のように述べている。

（言霊学は）徳川時代丹波の八木の人（京都在住）中村孝道に因りて世に呱々の声を挙げてより漸次世上に流布せらるるに至つたのであります。

而して右言霊学者の開祖中村孝道は王仁が祖母たる上田宇乃子の生家の祖であります。吾祖母は言霊学者の家に生れられたので、多少は言霊学の素養を有つて居られ常に私達に向つてその一端を話されました。その故私は言霊学の趣味を深く感じ斯道研究の素志を起しまして以来二十年間研究を重ね漸く皇運発展の要道を覚る事に成つたのであります。（『敷島新報』大正五年四月二十一日）

これによると王仁三郎自身は中村孝道を宇能の生家の祖と考えていたようであり、『大本略史』の記述もその延長にあると考えてよい。しかし、一方で木庭次守が編纂した王仁三郎の玉言集『新月の影』では、「うのさんのお父さんが中村孝道である」とあって、父娘関係と語っていた節もある。近年では井上仁は「孝道の妹宇能」（「神伝『布斗麻邇の卜相』考）といい、十和田龍（出口和明）は「祖母宇能は、言霊学者中村孝道の姪である」（『オニサブロー　明治篇』）としており、血縁関係に揺れがある。妹説をとるのは村上重良、松本健一らであるが、娘や姪とするのはそれほど多くないようである。

ちなみに、大本内部では中村孝道と山口志道との混同もあった。それは王仁三郎自身が「杉庵思軒と中村孝道は一しよに書いてあるが違ふと思う」と発言していることからも推測される。この混同の背景には、従来の国学における言霊説を越えた霊学としての言霊学を確立したという点において両者には共通の際だった特徴があり、しかもその出現が同時代であったという事実に加え、後述するように山口志道の妹に宇野という人物がいたことも幾分関係していたかもしれない。この中村孝道＝山口志道同一人説は、昭和五十年頃に元大本信者の井上仁が盛んにリバイバルし、一時期人口に膾炙した。

なお、王仁三郎は「言霊学に於ても杉庵思軒の水穂伝よりは、中村孝道の真寸鏡の説が後から生れた丈け、進歩の跡が見えて居る」として、両者の先後関係を山口志道、中村孝道の順に考えていたようである。しかし、志道の『水穂伝』の板行が天保五年であり、孝道の『言霊或問』の成稿も天保五年であって、その師からの伝授や研究過程をみても、両者の間に交渉はなく、共時的に出現したと考えるほうが自然であろう。

産霊舎中村孝道

中村孝道については、大本における丹波八木出身説とは別に『大人名事典』における周防出身説がある。この事典には幕府に仕えたとする奇妙な履歴も語られているが、結局、孝道の出身地、生年については確たる証左はない。若い頃は京都の建仁寺町通四条下ルに住み、少なくとも文政三年までには室町三条上ルに転居し、その頃には「中村主計孝道」と称していた。

孝道は、下積みの時代にある切っ掛けで言霊学参入への端緒をつかみ、文政三年冬には『言霊秘伝』を著すが、ある日、言霊研鑽の旅に出て、淡路島・龍野を経由して出雲へ下行し、千家俊信《よしざね》（清主）と会見し秘伝の交換を行い、言霊学における自信と、天下弘布の許可を千家から得、帰途龍野において「言霊塚」を建立している。ここには「瓦一枚ニ、一声ノ言霊ヲカキ、七十五枚土中ニウヅメ」たとされる。

この出雲行の後、文政六年頃、京都両替町二条下ル東側へ私塾・産《むす》霊舎《びのや》を創立する。産霊舎の号はこの舎号からとったものであろう。産霊舎創立にあたっては古医方の大成者・宇津木昆台《こんだい》(平益夫)の尽力があり、扁額は大石凝真素美の祖父・望月内記幸智の手になるものといわれる。孝道門下には、「老人」と呼ばれた望月幸智・中村掃部《かもん》の両人をはじめ、「三田」と称された鎌田廉吉・戸田通元《みちもと》・吉田量平、など錚々たる人材を集め、一年で二百人もの門人を抱えるほどに盛行したという。その教勢は門下の協力もあり、北陸・中国・大坂などを風靡したのである。

中村孝道の学説は周知の如く、ますみの鏡による七十五音を基礎とするところにあるが、孝道の高弟・五十嵐篤好《あつよし》の『言霊旅暁《たびのあかつき》』によるとますみの鏡とは、

五十音に濁音二十声、半濁音五声、ともに七十五声ありて、五十音にてあいうえおといへる所あおうえいと横に並へり。此五声は音も韻も同き声にて、他の声とは別なるもの也。調子の高低の順にてかくのことく並へり。あは低し。いは高し。此五声は他の声みなの韻となるなり。かがだ《牙》、たらな《舌》、はさざ《歯》、ばば《唇》ま、やわあと《喉》竪に並ひたり。横五声を一段とし、竪三段にて十五声となるを一棚とす。此棚の調子の高低の順にて五棚竪に累り七十五声となる。上の方は調子高し。下の方は調子低し。一棚の三段は牙舌歯唇喉の五音、各音軽中重の順にて三段となる上段は軽く、下段は重し。韻も喉唇歯舌牙《あおうえい》と横に並ひ、経緯相結ひて七十五声いて来るなり。是を真洲かゝみといふ。

と説明されている。こうした独自の音韻鏡による言霊学説は、孝道の『言霊或問』によれば、

この言霊の道は私壮年のとき京都にて、日向の国の老人より伝はりしもの、されどその次第前後乱れて始終全からざりしかば、是明玉なりと雖も更にその用をなさず。爰に於て一度寝食を忘れ琢磨して漸く爰までに及べり。而して又発案のことも尠なからず、されど其の教の条理に於ては更に私の臆見を加へず、その次第を云いて諭したり。

とあり、自分の発明によるものではないことを明らかにしている。ここに見える「日向の国の老人」とは、いわゆる「日向翁」という七十五声言霊派の開祖的人物である。しかし、孝道が誰からその伝を受けたかについては、三河国崇福寺(惣福寺)の大周《たいしゅう》からとするもの、『言霊伝中咄等聞書』のように、ある時道中にて日向翁から直接受けたとするもの、野々山千秋《ちあき》より継承したとするもの、宮中より出た反故紙《ほご》の中に「ますみの鏡」を見つけて自らの言霊学を展

ますみの鏡

開したとか様々な説があって一定していない。

いずれにしても孝道以前に溯って存在した伝を孝道が整序して体系化したものらしいが、文政元年にはすでに「真洲鏡」の大判の刷物を作っており、それ以前に秘伝の継承があったはずである。

孝道は晩年、江戸へと下る。江戸にても言霊学を講義したようである。最初は小石川にいたらしい。文政十三年春には小石川産霊舎にて『万葉二百集』を撰したが、京都の地から決別したのは天保年間に入ってかららしい。後には四ツ谷鮫《さめ》ケ橋に産霊舎を移し、天保五年九月、主著『言霊或問』をものするのはこの四ツ谷産霊舎においてであった。

天保七年、望月幸智が逝き（七十一歳）、翌八年には孝道も歿する。北陸の門人・五十嵐篤好はその知らせを受けるや、

夢にだにかくと知らぬば千代にもと今朝の今まで祈りけるかな

と死を悼む歌を詠んでいる。この年、山口志道は七十三歳で未だ世にあり、大日本言霊学の大成者・大石凝真素美はわずかに五歳であった。

望月幸智

杉庵山口志道

中村孝道とならぶ江戸期の言霊学者山口志道は、初めの名を長厚、後に志道といい、杉庵と号した。また崇山、杉の本などの号も用いた。安房国長狭郡寺門村（現在、千葉県鴨川市寺門）の人で、後桜町天皇の御代、徳川十代将軍家治《いえはる》の治世明和二年乙酉の出生である。代々通称利右衛門といい、屋号は材木屋と呼ばれていた。故にかつては、山口家は材木商であったかとも思われるが、志道の父福敬の頃にはすでに農業に従事していた。

志道は資性温厚篤実《とくじつ》の人にして、幼少の頃より奇才をもって称せられたという。伝えるところによれば、少年時代に近隣の安国寺の大和尚に従い、漢籍を学び、長じて寛政の初め二十五六才の頃には江戸に出たという。時の執政松平定信が勧学にこれ勤めていた頃であるから、柴野栗山《りつざん》、古賀精理、尾藤二州等が儒官にあげられ、国

山口志道

学にも加藤千蔭《ちかげ》、村田春海《はるみ》など多数の名家が出て江戸はまさに学者の淵叢であった。故に志道の遊学は多いに裨益するところがあったに違いない。幸に志道の叔父、伯母の家が江都日本橋付近にあり、そこに止宿して、諸家に出入りし、かつ下総国の人荷田訓之《かだののりゆき》に師事し、日夜研鑽して、国書及び四書五経等に通じ、遂に秘伝を伝えられた。これが世にいう「稲荷《いなり》古伝《こでん》」で「火水の御伝」ともいい、天地万物を始め、人の呼吸言語まで全て火と水とによって成立しているという伝にして、山城国稲荷大社に崇蔵され、社務秦親友郷を経て荷田春満《あづままろ》に伝わり、春満より蒼生子《たみこ》に伝え、蒼生子、訓之に伝え、それより志道に伝わったものである。

志道は『古事記神代之巻』に特に意を注ぎ、代々家に伝わる布斗《ふと》麻邇《まに》の御玉と、訓之より伝えられた稲荷古伝をもって、日本古来の古言と仮字の幽理を明らかにし、布斗麻邇にトってかつての人の世に伝らざりし神語を悟り、見聞して、解けざるの凝滞を釈いた。その学統は図に示すと左の如くである。

荷田春満 ─┬─ 在満 ─ 御風
　　　　　├─ 蒼生子 ─ 訓之 ─ 志道
　　　　　└─ 加茂真淵 ─ 本居宣長

ここで志道の家庭について少しばかりみてみよう。結婚については明確ではないが、江戸に遊学する以前、つまり二十四五才頃までには内室を迎えていたらしいが、その内室は寛政九年一月十三日には歿し、その法名を簾貞妙俊大姉という。この前後には不幸相続き、その前々年の寛政七年七月十三日には父の利右衛門福敬が五十三才で歿し、寛政十年十二月十七日には母が歿した。家庭の事情もあってか間もなく志道は後妻を迎え、寛政十二年には長女多喜子が生まれた。しかしてこの年には志道は伊勢参宮ならびに西国巡拝の長い旅に出ている。それから数年を経ずして、文化二年八月七日には祖父が歿し、文化九年七月十四日には志道の二度目の妻も歿した。法名を花乗妙蓮大姉という。この時志道は四十八才で、長女の多喜子は十三才であった。この年の十月精魂を籠めて山王権現の仏画を描いているが、それは妻への追善供養のためであったろうか。

越えて文化十二年九月志道五十一才のおりには荷田訓之より稲荷古伝を授けられた。このことは『水穂伝』に「文化十二年長月の末荷田訓之下総国古河産吾が庵を尋ね来て古伝なるものを授く」と記されている。これによっていよいよ志道の研究は佳境に入り、長女多喜子に同村三上氏より養子長兵衛をもらい、家政を長兵衛に任せて、文政元年の冬、江戸に出て、それより五年間程江戸において神代学研鑽に研きをかけた。この間文政五年正月に大山不動尊へ「仮名濫觴の額」を献納した。この額は伝えるところによれば、槻の厚板で横六尺縦二尺五寸、五十音発生を簡単に図解したもので、荷田訓之が一言賛し、書、彫刻は志道がなした貴重なものであったが、現在では失われてない。次の年文政六年正月に久方ぶりに志道は帰郷した。その時の日記が『安房日記』一巻であり、それによると、六日に江戸を出発し、九日には郷里の自宅につき、二十八日には再び江戸に戻り、浅草に住む師の荷田訓之を問い、夜になって芝口の寓居に帰ったらしい。この前後の年に孫が数名生まれている。文政三年に千代子、文政六年に源之助、文政九年に重次郎（志恭）である。他にもう一人生まれてすぐ亡くなった子がいるらしいが名も生年月日も不明である。文政六年より文政十二年までの間志道が江戸に居たものか、郷里に居たものか不明であるが、文政十二年二月に書かれた大山村の山王権現の大幟（山王権現は今は存せず）、同年三月に書かれた吉尾村三上氏蔵の鷹の図などからみて、その頃は郷里にいたものと思われる。

翌天保元年七月十日には丹波国亀山の福井重次という人が来訪し、これを機に同道して京都に上ることになる。この時志道六十六才、重次七十二才であった。福井氏のところには志道の妹宇野子が嫁しており、重次はその夫かとも思われる。この京都行きは急の思いつきではなく、多分前々から企図していたことであろう。なぜなら志道の神代学は後になって公卿たちの多数の入門を得たのをみても分かるように、京の人々の心性に適していると志道は考え、弘布の地を京都と定めていたに違いないからである。かくして志道は八月四日に郷里を出発したが、それ以後郷里の土を踏むことはなかった。

志道の著『夢の浮橋』と題する歌集によれば、九月二十六日には京都に着き、翌二十七日に丹波の亀山、福井家に着き、久方振りに妹の宇野子に会い、

おとにのみ菊の露霜置きながらおもかはりせぬ千代の色かな

と詠んでいる。

かくして志道は福井氏の空々亭にて天保二年の正月を迎え、ここでかの霊著『水穂伝』の稿を起こした。同書巻一の奥書には、

天保二年正月丹州亀山福井清秀主の元に筆を始めて同四年正月於二京都因幡堂西坊一より六之巻に至るまで書畢。

とある。天保三年五月には大坂の柴山老山という人の家に居て、『水穂伝』巻七の稿を起こした。そのことは同書巻七の奥付に、

天保三年五月浪草柴山老山主の許に筆を始めて同五年正月京都三神元敬主の於二倚春楼一書畢。

とあることよりわかる。

同じく天保三年には何らかの諦観もあったのか、志道は剃髪し、その時水鏡に自分の姿を写している様を自分で描き残している。その年の暮、京都東山の幽々亭の歌会に出、

ももしきの大宮所見あぐればゆたかに高き年の暮かな

と詠んでいる。この歌会には、宮中御歌所の歌人達を始め、公卿縉《しん》紳《しん》の出席もあったらしく、以来志道の言霊の講義を受けたいという人が増加し、翌天保四年正月には丹波から京の松原通因幡薬師境内の西坊に寓居し、御歌所の門人衆や御室御所の御別荘などに言霊の指南に出張することになった。

翌天保五年正月十五日、伏見稲荷に詣で、大前にて小倉百首の歌全部を芥子《けし》粒程の小さい文字で書き列べて富士山の形に書き、それ

を同社祠官の大西下総守親寔《ちかさだ》に贈ったところ、親寔は二月四日にこれを光格《こうかく》上皇の叡覧に供し奉った。上皇叡感浅からず、これを御手許に留め置かれることになり、親寔に命じて、おりしも盛んに咲いていた院中弘御所御階の紅梅一枝を折らしめて、志道に賜った。同じ年、かの大著『水穂伝』の稿も書き終わり、十一月末には板行された。実にこの年は志道にとってより良き年の一つであったに違いない。

かくして天保六年の頃には、各宮門跡を始め公卿の入門者も二十余人の多きにのぼったことが志道の残した覚書より窺うことができる。天保七年には、紀州前大納言従一位徳川治寶《はるとみ》卿の招きに応じて和歌山に行き、例の微小文字小倉百首の富士と『神風伯《かみかぜいき》』一巻、『水穂伝』全七巻を献上した。

天保九年志道七十四才の時において特記すべきは、『百首正解』の出板である。いうまでもなく、この書は小倉百人一首を解釈したものであるが、まことに斬新にして、俗人にはなかなかに考え及ばないような説が多い。とりわけ有名なのは、その説が天聴にも達して遂には志道が田子の浦人とも呼ばれる誉れを得るに至った説である。その説とは山部赤人の歌の田子の浦を房州勝山町付近の字田子の地と解した説である。通説では駿河国の田子の浦となっているが志道はこれを俗説としてことごとく論駁した。その論拠は要するに、本歌の方に「駿河なる富士の高根を」とあって国名をいうのは他国から見たからであって、その国でいうべきはずもなく、地勢の上からも房州のほうが富士を見るのに適し、さらに山部赤人は上総の山辺郡の人であるという点にある。

『百首正解』の出板も終え、翌天保十年、また十一年には是非とも帰郷をと考えていたようである（『夢の浮橋』に「翌十一年春は関東にかへらむとてよめる」留別の長歌あり）。実は志道が一度は帰郷したいと思いたったのは上京後間もない頃であるが、大坂を始め、近畿、遠くは越後のあたりの人々まで年々入門者が増え、さらには宮中において予想外の光栄にも浴せられて、なかなかに手離れ難い関係も生じ、かつまた著書出板などのためについつい延び延びになってきていたのである。

だがやはり天保十一年も帰郷はならなかった。再び紀州老公に召されて和歌山に行き、四ヶ月程滞在し、ついで高野山からもかねてより招かれていたので帰途高野山に寄り、三ヶ月程滞在した。その間両親の石塔を建立し、恩師荷田訓之の菩提を弔うために位牌を高野山に納めその裏に左の歌を記した（ある書には「遂に訓之、越後に下りて住所を不知なりぬ」とある）。

我がおもう千重ひとへを手向草高野のおくの蓬莱の露

また高野山中の新玉川に臨み、古来毒水として人の恐れた水を掬い飲んで無事であることを証明し、水に毒のないことを万人に知らせるため碑を建てることになったが、それが実現したのは志道歿後六年目の嘉永六年のことであった。

なお志道は以前から神祇伯《じんぎはく》白川資敬王に神代学を指南していたが俗体では宜しくないということで、この天保十一年二月二十八日に同家より浄衣、指貫、沓、風折帽子の着用を免許せられたと伝えられる。

　天保十二年、その春三月二十一日には弟子の勇健とともに嵐山に遊んだ。勇健は越後の人で、志道の歿後にその神号を神祇伯から受取って送りよこされた人である。四月十二日には養嗣子長兵衛が二男重次郎（志恭）をつれて上京した。志恭は志道が安房を出るときには五才、この上京のおりにはすでに十六才になっていたが、なかなか聡明で、志道は神代学の全てをこの孫に伝えようと意図していたらしい。故に天保十年に帰国しようとしたのも一つには、この孫をつれて行くのが目的であったらしく、しかるに帰国中止となったので長兵衛に命じてつれてこさせたらしい。そういうわけで長兵衛は志恭一人を残して五日頃に帰国したが志恭は志道の手許にあって学業に励み、白川神祇伯家にも出入して神事に関することも習ったらしい。

　翌天保十三年、忽然《こつぜん》と志道・志恭はこの世から相前後してみまかる。この年に志道は、在京中に詠んだ歌を門人たちが是非上木して欲しいというので、板下を書いていたらしくその下書が高梨某を経て五月に江戸の小倉輔山（館山藩家老）に送られる。それからわずか二ヶ月ばかり後の七月十一日、志道は忽然と道山に帰るのである。その辞世の歌は、

　今日はくれ明日はあくると思ひし遠きあしたのつゆときえゆく

神風伯《かみかぜいき》を実行し、無病息災、百歳の寿命までは保証付きであると自信を持っていた志道が如何なる原因で急に逝去したのか、またその葬祭の有様はどのようであったのか少しも伝わっていない。しかも孫の志恭までが後を追うように八月十五日に歿する。あまりに異常なので何か幕府あたりの嫌疑をうけて暗殺されたのではないかとの説さえも巷間でささやかれたようである。

　しかして志道の歿後八年を経て嘉永三年十月二十一日に至って神祇伯資敬王から斎琯《いつきたま》霊神の神号を贈られた。

　現在墓は寺門にあるが、筆者たちが取材のため尋ねたおりには、一棚の墓所を繞るものなく、ただ蓬々として、碑石の余りの小ささに言霊学を極めた神人のその扱われようを思い、ただ深い感慨の念が湧き起った。

　つけ加えると志道の家は養子長兵衛の子茂兵衛が相続し、茂兵衛の次には養子善一郎が嗣ぎ、その子茂一は宣教師としてアメリカに渡り、サンフランシスコにて昭和三十四年十二月十二日、七十八才にて歿し、すでに寺門には山口家は存在しない。

言霊及び言霊学

さて、では言霊とは何であろうか。『大言海』によれば、

　我が国の言語は、久しき事を言伝へ、又は微妙に事を述べ、自在に事を相通じたることを、特に称揚《たた》へたる語なるべく、即ち、言語の妙用の意なるべし。

　これは言霊に対する一般の代表的解釈であろう。今の人々には、上代の人々と同様に言語に霊が存在するとは信じられないから、「言

語の妙用の意」と捉えたのである。しかしそうした解釈で果して上代人の心性を理解したことになろうか。

しきしまの倭の国はことだまのたすくる国ぞまさきくありこそ

（『万葉集』巻第十三）

右の歌は柿本人麿の歌であるが、上代人は日本は神代より言霊が働き助ける国であるから、「幸いでありますように」と言葉に発すれば、いわれた人はそのようになると考えたのである。つまり上代人は自ら発する言語に神霊を感得し、それを言霊と呼んだのである。このことは山上憶良の「好去好来歌」にも端的に表現されている。

神代より　云ひ伝《つ》てくらく　そらみつ　倭国は　皇神の　いつくしき国　言霊のさきはふ国と　かたりつぎ　いひつがひけり　今の世の　人もことごと　目の前に　見たり　知たり（中略）大伴の御津の浜《は》びに　ただ泊てに　御船は泊てむ　恙無く　さきくいまして　はや帰りませ

賀茂真淵がこの歌に注釈をして、

言霊は、いふ言に即ち神の霊まして、助くるよし

としたのは、実に上代人の真意を摑んだものであろう。すなわち人間や動物に霊があるように、言葉にも霊があって、諸々の事の実現を支配すると上代人は信じていた。そこでは言と事との区別が薄く、言はそのまま事であり、言えば必ず実現すると信じられていた。しかしかくの如き上代人の言霊観は時代の変遷につれて推移し、金田一京助博士の論によれば、江戸時代までに次の三段階に言霊観が変移したという。

第一段「言うことがそのま、即ち実現する」と考えた言霊。
第二段　言い表された詞華の霊妙を讃した言霊。
第三段　祖先伝来の一語一語に宿ると考えられた言霊。

第一段階の言霊観は先に説明したように主に上代人の言霊観であり、第二段階は、和歌文学華やかなりし頃の中古中世の、たとえば小野小町が和歌によって雨を降らしたと伝えられる如く、「歌」などの詞章に表現されたるものに神霊があって、神秘を顕すという言霊観であり、第三段階は、言語に対する関心がとみに高揚してきた近世国学の興隆期に出現したいわゆる言霊派の人々の言霊観である。言霊派の人々たちは、数多くの単語の根源を成すフォーム（音素）に、玄妙な意義が内包されていて、自ら産霊《むすび》合いて、無限に言語を生成して行く、その神秘を称賛して、実に惟神の道に協ったものと考え、それに神霊の実在を感じたのである。それは、人間が言葉として発するところのことが、ただちに現実として起こるという素朴な信仰でもなく、表現された詞章の中に宿る神霊というものでもなくなっていたと金田一博士は考えるのである。しかし果してそうであろうか。本復刻書天之巻火之巻のもととなった『水穂伝』を著した山口志道はややもすれば右の意味における言霊派の人々と同様に扱われてしまいがちだが、そうした理解では志道の神代学といわれるものの真髄をみきわめる出口王仁三郎が言霊によって引き起した数々の奇跡を解明することは困難だろう。山口志道はいう。

天地万物を始め、人の呼吸言語に至るまで悉く、火と水の二元より成立している。天地も水火《イキ》の凝り、人も水火《イキ》の凝り、即ち

人は小宇宙《ミクロコスモス》であり、万物照応の玄理に基づき、わが水火の発現たる言霊によりて天地が動く。

右の文は志道の説くところの要約であるが、これは決して金田一博士の分類によって規定される言霊観でないことは明瞭であろう。

志道においては息は水火《イキ》であって、今日我々が理解するような単なる、肺臓の開閉、伸縮の生理学的結果にすぎないものではない。一歩譲って、息が生理学的結果であるにしても、肺臓を含む五臓六腑の動く所以《ゆえん》を、医学者は説明することができない。あえていうならば、「生きているからだ」と説明するであろうが、では生きているとは何か、生とは何かと問われた時、答える術を医学者はもっているのであろうか。志道は生きるとは水火《イキ》ることであるとし、これをも水火の妙合によって解明しようとしている。志道は森羅万象それが社会科学的なことであろうと、自然科学的なことであろうと全てを水火の交合、妙用によってとかんとするのである。これは古代中国における叡知の結晶たる易が陰陽、八卦、また八卦を重ねあわせたる六十四卦によって万象を説明せんとしていることに符合する。つまり、水火は易の陰陽に符合し、八卦、六十四卦に対応するのは志道においては五十音図表である。五十音図表は大矢透によれば、

第一種　悉曇の摩多と、体文との次第を墨守せるもの。

第二種　悉曇に倣ひて、国音の性質によりて次第せるもの。

第三種　竪横位、共に悉曇と異なるもの。

右の三種が古来存在したとされるが、『水穂伝』また『大本言霊学　天』において使用されている音図表は、第一種に属するものである。これは実は現在通用しているところの五十音図表とその配置は少しも変わりなく我々の現代的考えからみれば、単に過去、現在未来、命令、終止などの動詞の活用を知るに便利であるというくらいの文法的意義しか見い出せないものである。しかし志道においては﹅から始まって、自らなる天地の玄理に基づいて生成された神聖なる図表であり、あいうえおの母音と、かさたなはまやらわの九行の父音の「美斗能麻具波比」、つまり、水火の交合の結びなす大宇宙の曼荼羅である。物質が電子の配列の如何によって水素となり、あるいは酸素となるように、それぞれの声音が、それぞれの位置によって、その特性を示すのである。さらにその水素酸素が組み合わさって水となるように、五十音もそれぞれ単独で意義を有しながらも、さらに二つ、三つと組み合って、また違った意義を有していくのである。そして『古事記』における神名秘釈の一つに天之御中主神を解して、御名霊《ナノタマ》主神といい伝えもあるように名は全ての始まりであり、万物はその名霊通りの性質、特性をもつと志道は考えるのである。森羅万象は、水火の言霊の響きに応じて、生成変化すると志道は考えるのである。

言霊に関するこのような秘教的観念は、一般の目に触れることもなく、学問的領域においても無視されてきた部分である。かような古代より密かに伝承されてきた神秘的知識（それは、山口志道や中村孝道によって中興され、そして時代を経て王仁三郎によって継承され、――統合された）とそれがもたらすとされる天地を揺るがすような言霊の力を信ずる古代人の心性を理解するためには、既存の概念を

完全放棄し、明き、清き、直き、誠の心を持って、そうした秘教的知識に接することが必要であろう。

言霊学の研究は決して、言霊学の研究のみに終わるものではない。古神道において、秘伝口伝とされているものが、言霊学にある程度まで通暁してくると自然とその玄義が朝風、夕風に朝霧、夕霧が払われて今まで霧におおわれて見えなかったものが見えだすが如くに明瞭となってくるものである。

たとえば、玄門（神仙道）において「化作」といい、神道において「産霊《むすび》」というが、万物の生成変化の産霊の神術の極則を伝えているとされる大古神法（約二千年前伊勢神宮を現在の地に定められた倭姫命より、神事奉仕のための枢要極秘のものとして代々、斎宮に伝えられたもの）の一部に千木内宮、外宮の形象《カタドリ》ありて、陰陽・水火の交流、交合を解きあかしているのであるが、志道の言霊解によれば、「ツルギの返しチなり。カガミの返しキなり。故に神宝の霊を棟の上に表して是を千木と云ふなり」、さらに「タカミムスヒノカミの返しチにして、男神の霊なり。カミムスヒノカミの返しキにして女神の霊なり。故に女男縁を結ぶに、男は劔の霊のチを以てし、女は鏡の霊のキを以てチキなり」となっており、大古神法においては神秘的象徴形象によって啓示されている千木の秘義の一端が言霊学によっても理解しうるのである。

現代の学者は「言語法則なるものは、人々の使用する言語において、慣習的に共通しているところのものを総合して、その結果を帰納したものであるから、自然科学の法則のように万古不易なる真理の上に確立されたものではない。よって時代により、場所により、変化すること、道徳、法律などが時代時代によって変化していくのと同様である」とし、言語を単なる音韻や文字などの「能記」(Signifiant)とそれが表わす意味や観念つまり「所記」(Signifiee)とからのみなっていると考える。

このように現代人は言語をもって単なる符合と考え、言語や文字は意志の伝達に便利であるという意味でしかその価値を認めていない。

志道は、「大和言葉は春夏秋冬つまり四季の移り変わりのあること今も昔も変わりないように、一定不変の自然法則、宇宙の理と古代人の純粋なる心性が感応し、発現したもので、言語も、言語法則も自然の玄理に符合したるものであり、一音毎に神格あり、神性を具備し、言葉となって現われるや不変の道の表象となり、言葉即生命であり、真理である」と考える。

いかなる思想をも同化せしめ、よりよく向上させていく能力を有するところの日本精神と自然の理と一致するという日本語とは志道の書や王仁三郎の『大本言霊学』を謹みて読むとき実は切っても切れないものであったことに気づくであろう。

稲荷古伝の図について

次頁に掲げるのは『大本言霊学』天之巻本論冒頭、あるいは『水穂伝』第一巻に載る「稲荷古伝」である（『大本言霊学』では「稲荷古伝」の名は秘されている)。この古伝は、「布斗麻邇御霊《ふとまにのみたま》」から割き別れて生じた水火《イキ》の形である。この図をよく理解することによって、「布斗麻邇御霊」の有する玄意を察知し、万物が水火交流の産霊によって生成されたものであることを理解することができるのである。

まず、

「ヽは　火也、キ也、シルシ也、イキ也、ホチ也、コリ也」とあるが、コリを反すと（本復刻本『大本言霊学』七五頁及び『水穂伝』第二巻の仮名返之法則を参照せよ）キ、ホチを返すとヒとなり、結局ヽの意味は火、キ、シルシ、イキに帰することになる。しかし「父一滴御伝」の中では、ヽをホシとも呼んでおり、また「一心のヽは既に天之御中主神在の宮なり。故に心動ては一《火》の形をなし、動ては｜《水》の形をなす。動かすは吾にして、動くはヽなり。善悪邪道の別は一心のヽより発《オコル》。所謂一元のヽなり」と説明している。

稲荷古伝

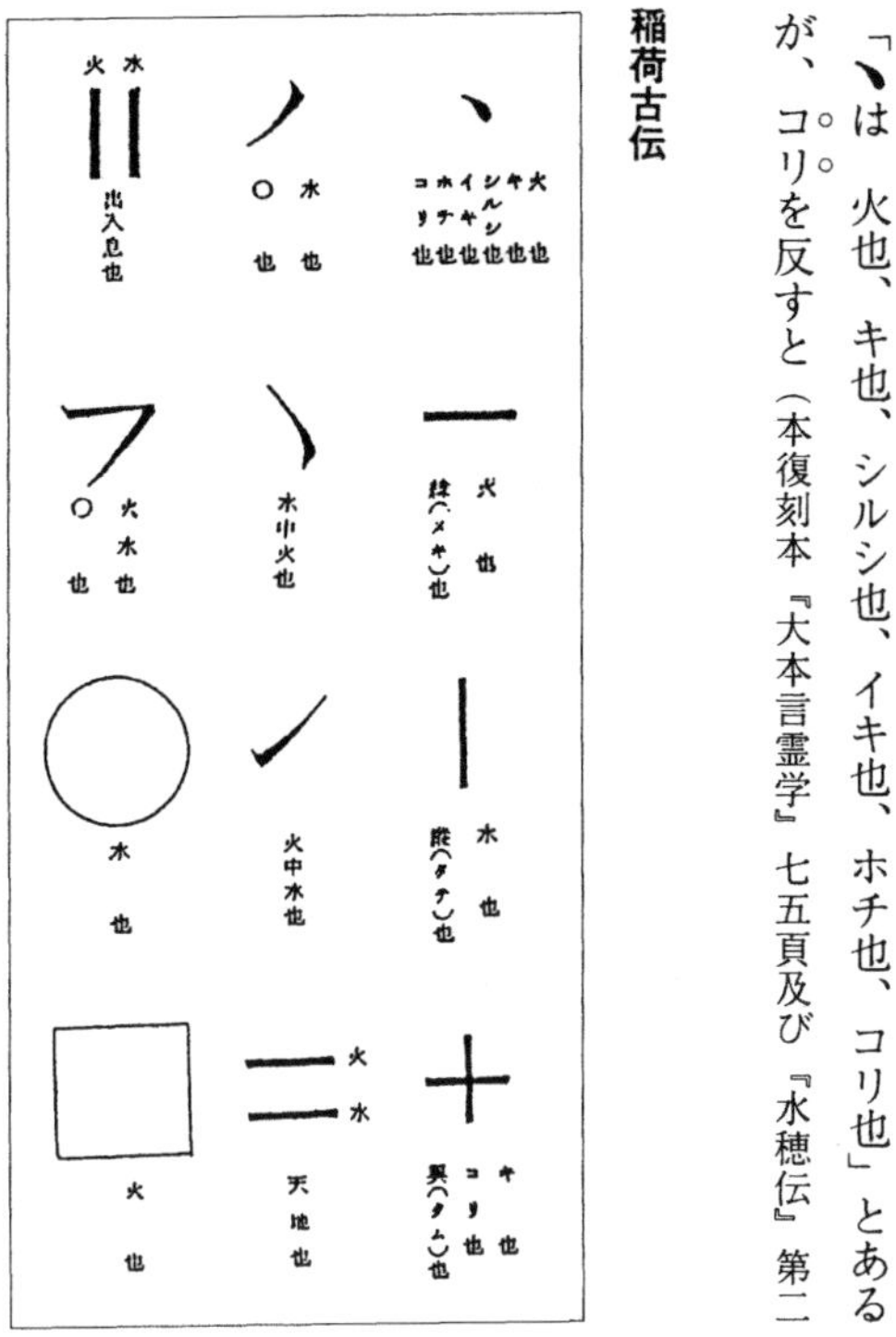

布斗麻邇御霊（一名火凝霊という）

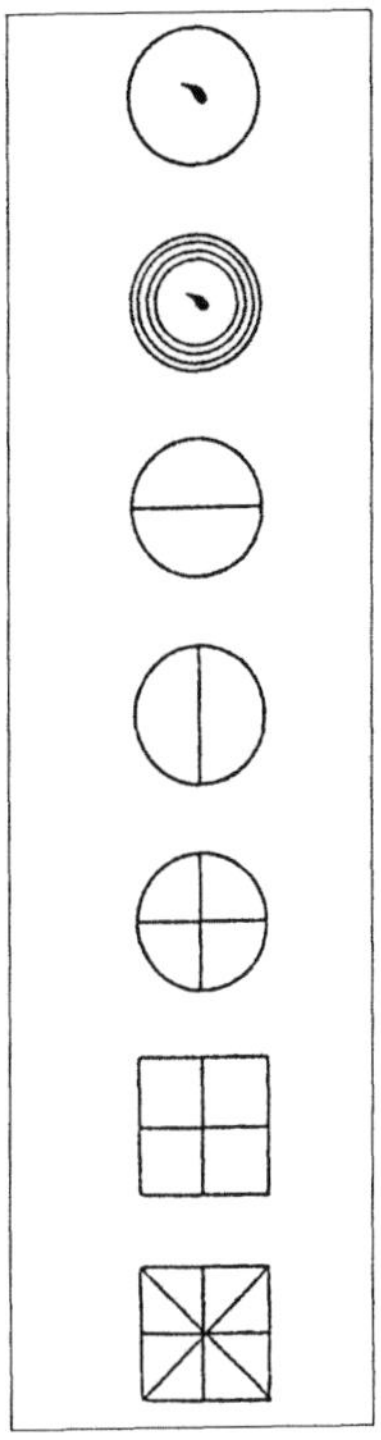

こうしたことを統合して考えると、ヽは天地未生の一元の気であって、動いては火となり、水となるものを決することができる。しかしここで、この古伝をみていく上で我々が注意しなければならないことがある。

火は躰にして水を動かす。水は用にして火に動かさる。火は動かずして音《コエ》なし。水は動て音をなす。総て動かざるものは火にして、動くものは水なり。故に水の名をなすといふとも、動かざる時は水なり火に名をなすといふとも、動くときは水なり。

（『大本言霊学』二七頁、『水穂伝』第一巻附言も略同文なれどここでは『大本言霊学』を引く。以下引用文これにならう）

万象は、これは水（陰）、これは火（陽）と固定的に考えることはできないということである。相対的な関係によって、あるときは火の働き、あるときは水の働きをするということを我々は認識していなければならない。また火水の二元のみをもって万象を解釈することは、十のセフィロトをもって宇宙を解釈する西洋カバラの「生命の木」、六十四卦をもって森羅万象を説明しようとする易に比べて内容が浅くなりはしないかという考えは無用であろう。現代におけ

る霊養の大家にして、「易」の原理に深く精通した人物桜沢如一は、

元来、易そのものは伏羲なる神話的人物がその太古なる民族を指導するために考案した八卦の象徴図☰☱☲☳☴☵☶☷のみで十分而も甚だ分りやすく説明する事が出来ぬばならないものであると私は確信する。もっと簡素な形式を好むならば、⚊（陽）と⚋（陰）のみで十分なのである。

として、陰陽の理をもって広大悉く備わるものとし、古今無双千古不滅の根本原理とし、その理をもって、物理学、化学、生理学、医学、政治、哲学等々あらゆる分野のことを説明している。志道の『水穂伝』や王仁三郎の『大本言霊学』も同様であり、古神道において、神火清明、神水清明として、最も尊ばれる水火の二元をもって、森羅万象の根源たる言霊の理を解明しているのである。

またこの丶については、熊崎式姓名判断で有名な熊崎健翁《けんおう》が丶として、易は丶を認識霊得するところより始まるとして、各著書に詳しく説明しているので、そうしたものをご覧になることも丶の意味について、知識を広めるには役立つことになろう。

次に、

一　火也、緯《ヌキ》也

｜　水也、縦《タテ》也

一｜を便宜上一緒に説明しよう。我々はローソクの炎などの上にたちのぼる細長い姿から、火を｜、湖面の平らかな姿から、水を一と考えがちである。「稲荷古伝」においては水火の本質を正確に把握し、火は、重く、凝集し、降下するものとしてその形状を一とし、水は軽く、拡散し、上昇するものとしてその形状を｜としている。しかし万物を火水二元に分けるとき、火であったものが常に火であり、水であるものが常に水ではない。

水気《ミキ》は水の名なり。火垂《ヒタリ》は火の名なり。然りと雖も、右の手をもて左の手を打つ時は、右の水は火となり、左の火は水となりて音をなす。亦曰ふ、木は水なり。鐘は火なり。木をもて鐘を打つ時は鐘は水となりて音をなし、鐘をもて木を打つ時は、木は本の水となりて音をなす。火水躰用は活物にして相対して動き、天地の水火《イキ》廻《メグル》こと斯の如し。

（『大本言霊学』二七頁『水穂伝』第一巻）

ここでは火水躰用が活物にして、相対して動くことを二つの例をもって示している。つまり右手は水気手《ミキテ》で、水であり、左手は火垂《ヒタリ》手《テ》で、火ではあるけれども、丶のところで、説明したように、動かすものは火、動かさるるものは水の理より、右手は火となり、左手は水となる。また撞木と鐘の関係も、撞木と鏡を水火に分類すれば、それぞれ撞木は水であり、鐘は火であるけれど、撞木をもって、鐘を打つときは鐘は水となり、動いて、音をなし、逆に鐘をもって木を打つときは、撞木は本の水となって音なす。

次に、

十　キ也、コリ也、與也

キ也、コリ也ということから十は丶と類似的性格を有する象徴であることが察知しうる。與は火水與の略にして、天地の初発に一つの凝をなし、その凝より火水の二つに別れて、火を父といい、水を

母という。その父の火霊と、母の水霊とが与《く》んでまた新たに一つのコリをなしたのが、この形象である。

次に、

ノ　水也、〇也

右斜め上方より、左斜め下方への線は、水也〇也とせられている。これは、「形象」の折・包において和紙の紙目を↘と置くことを陽の置き方としていることからも、ノが陰であり、すなわち水であるということが想像できる。

次に、

＼　水中火也

左斜め上より、右斜め下への斜線は本来なれば「ノ水也」との対応からも、火也とされるべきものと思われるが、水中の火であるとするのは何か深いわけがあるのであると思う。あえて、言及せば、「神典形象」にて、下より上に紙を折るを陽とし（こういう言葉は使わないが）上より下に紙を折るを陰としているところから、左上方より右下方へ書く線であるから陰の陽であり、それをもって、水中火としたとも考えられる。

次に、

／　火中水也

左斜め下方より右斜め上方にはねあがる線をもって、火中の水としている。これも「神典形象」の観点からあえて説明すれば、下方より上方へいくのは陽、／の線は陰で、陽の陰であり、つまり火中水と考えることができる。

『大本言霊学』二六頁や『水穂伝』では次のように、火中の水、水中の火について説明している。

実の火は象なし。是を火の躰と云ふ。象を具する時は火中に水あり。故に燃る。是を火の活用といふ。実の水は象なし。是を水の躰といふ。象を具する時は水中に火あり。故に流れ動く、是を水の活用といふ。

次に、

━《火》━《水》　天地也

━は、本来は火であるけれども、二つ相対するときは、必ず一つは火となり、水となって、上のほうの━を火、下のほうの━を水とする。それをさして天地也としている。しかしこれは、山口志道の『火水与伝』にある天地の説明と少し違うようである。

アメとはアは空中の水の霊也。メは回ることにて眼不見水の回をアメと云、ツチと云ツは渦巻降る水也。チは火にして━也。言ふ心はアの水澄昇て回り、其水ツと渦巻列《ツラネ》り続て㇔をなすの義也。故に地は火にして徳は水にあらはれ、天は水なりと雖、徳は火に現れ水火相対して、上に位する水は下に位する火の為に澄て回をアメと云。亦下に位する火は上に位する水の澄回に従て凝塊列々て㇔をなす。是をツチと云。

つまり『火水与伝』では、水は上に位し、火は下に位する、天は水であり、地は火であると説明している。この違いを我々はどのように理解したらよいのであろうか。━━は、天徳の火と、地徳の水を現すものにして、天地の体をあらわすものではないのだろうか。

われわれの俗智をもっては量りきれぬものであることを予測するかのように志道はいう。

神代のことは後世俗学の及ものには非

しかし、この二本の横棒の関係を短い棒、長い棒として（位置関係としてではなく）みる時は、短きは陽であり、つまり火、長きは陰でありつまり水である。天地は、地天とは普通使わざるがゆえに、天地といって、上の横棒と天、下の横棒と天、下の横棒と地を必ずしも対応させるものではないのかも知れない。

次に、

‖《火水》　出入息也

竪棒は本来、水であるけれど、二本並んだときは、左のほうは火とみるもののようである。しかしこれも、短い棒、長い棒の関係で、火水をいっているのかも知れない。水は出る息、はき出す息であり、火は入る息、吸う息である。

次に、

フ　火水也、〇也

一の火とノの水の両要素をもつものであるから、「火水也」というのはすぐ理解できよう。しかし「〇也」とはどういうことなのか、按ずるに十が水火の与《く》んだものにもかかわらず、火の性質を濃厚にもつのと同じようにフのような組み方は、〇の性質を強く持つものと考えられる。

次に、

〇　水也

□　火也

右の二つの図形は同時に考えたほうがわかりやすいと思われる。『大本言霊学』五五頁や『水穂伝』にては、

出息は水にして〇《マル》なり。引息は火にして□《カク》なり

とあるだけで、何故に水は〇、火は□という説明はないけれども、天を水、地を火と考えていることは、確実であるから、天の円く地の方形に感じられるところから、見えるものの中で、最も水を具現する天の形〇と、見えるものの中で最も火を具現する大地の形□とをそれぞれの象徴図形としたものと思われる。

ちなみに志道翁の著作には『水穂伝』『火水与伝』『イロハ口伝』『神風伯《かみかぜいき》』などいくつかあるがその代表的著述で「火の巻」三巻にて言霊の玄義を述べ、「水の巻」三巻にて日本語の霊釈と変化、応用を述べ、附録一巻は歌の解説である。『水火与伝』これは、『古事記神代之巻』は「凝《コ》水《シ》火《キ》火《カ》水《ミ》与《ヨ》の巻」のいいであるとして、「火水《カミ》に御像なし、火水《イキ》に像なし、その水火の像を具するものを形仮名と云ふ。形仮名は天地の水火の形にして人の作に非。故に神の御名ごとに現て神霊自天地を指て、近は万物の産むことを伝給し御典なり」として形仮名が天地の真象を写しだたる形神名であることを示す。『イロハ口伝』は志道翁の弟子が筆記したるものであるが、イロハ四十七文字は弘法大師が神仏両道の極意を書きしめせるものにして、涅槃経の「諸行の無常・是生滅法・生滅々巳・寂滅為楽」の意を示せるのみならず、記紀の神代之巻の神秘を顕すところの妙文であるとする。『神風伯』は「壮年の頃霊異に此の不老延命神風伯の神伝

を得たり」とて詳細に息長法（呼吸法）の玄義を説く。呼吸（水火《イキ》）は志道翁の中心思想をなすものであり、それは呼吸する宇宙の図象でもある。息を吐く宇宙の中で、霊は凝縮し、現象化し、物質化する。逆に息を吸う宇宙と共に物質が拡散し、展開し、霊化する。人間はこの水火の中心であり、それゆえ意識的に行われる呼吸法は、あらゆる鎮魂、瞑想にとって重要な役割をもっている。人間はそれによって宇宙の果てしなき創造と解体のリズムとひとつになる。このことは志道のみならず、あらゆる宇宙発生論における言葉と呼吸の重要性の根拠となっている。

かような秘教的言霊学を受けついだ神人出口王仁三郎は、その精粋を本書に結集したのである。さらに、こうした王仁三郎の言霊の研鑽は、言霊の書ともいわれる『霊界物語』へと繋がって行き、とりわけその最奥義とされる「天祥地瑞」子〜申巻においてその精華を現出するのである。

出口王仁三郎は次のように断言する。

神は万物の霊にして言霊なり、道《ことば》なり、宇宙に充ち満つるをもつてミチ（道）とも謂ふ。人は天地経綸の司宰者として生を亨けたるものなり。故に言霊の妙用を解してこれを実地に応用する時は、天地万物を自在に動かすことを得べく、地震、風雨、電雷を駆使する如きは、実にやすやすたる業なり。（『神霊界』大正七年二月号）

願わくば、読者諸氏が『霊界物語』とともに本書を熟読玩味なさり、大本言霊学の精髄を会得され、神通自在の境地に至られんことを。

大本言霊学

平成十六年四月十日　初　版発行
令和　五　年五月十日　第四刷発行

著　者　出口王仁三郎

発行所　八　幡　書　店
東京都品川区平塚二―一―十六
KKビル五階
電話　〇三（三七八五）〇八八一
振替　〇〇一八〇―一―四七二七六三

ISBN978-4-89350-384-8 C0014 ¥6400E